疗愈的彼岸

唤醒内在自我的 47 篇文章

[美] 布里安娜·威斯特 著
（Brianna Wiest）

苏西 译

清华大学出版社
北京

北京市版权局著作权合同登记号 图字：01-2024-3554

When You're Ready, This Is How You Heal: Copyright © 2022 by Brianna Wiest
The simplified Chinese translation rights arranged through Rightol Media （本书中文简体版权经由锐拓传媒取得）

图书在版编目（CIP）数据

疗愈的彼岸：唤醒内在自我的 47 篇文章 /（美）布里安娜·威斯特 (Brianna Wiest) 著；苏西译 . -- 北京：清华大学出版社，2025. 9.
ISBN 978-7-302-69571-4

Ⅰ . B84-49

中国国家版本馆 CIP 数据核字第 2025CX5816 号

责任编辑：左玉冰
封面设计：赵晓冉
版式设计：方加青
责任校对：王荣静
责任印制：杨 艳

出版发行：清华大学出版社
　　　　网　　址：https://www.tup.com.cn，https://www.wqxuetang.com
　　　　地　　址：北京清华大学学研大厦 A 座　　邮　　编：100084
　　　　社 总 机：010-83470000　　　　邮　　购：010-62786544
　　　　投稿与读者服务：010-62776969，c-service@tup.tsinghua.edu.cn
　　　　质 量 反 馈：010-62772015，zhiliang@tup.tsinghua.edu.cn
印 装 者：北京瑞禾彩色印刷有限公司
经　　销：全国新华书店
开　　本：148mm×210mm　　印　　张：8.625　　字　　数：173 千字
版　　次：2025 年 9 月第 1 版　　印　　次：2025 年 9 月第 1 次印刷
定　　价：65.00 元

产品编号：105574-01

I

导　言

疗愈不是一次性的事。

它有可能始于某个一次性的事件——往往是某种突如其来的失去，打乱了我们对未来的预期。然而，疗愈的真谛就在于允许"打乱"发生：允许它将我们从深深的无意识状态中唤醒，摘掉后天形成的人格面具，开始有意识地一点点拼出我们真正的、完整的模样——那才是我们该有的模样。

那些推动疗愈发生的事件，并不是为了促使我们从小我受伤的状态中恢复过来，而是要让我们看见自己的小我——很多时候，这是我们这辈子第一次意识到它的存在。这是一个和解的时刻，生命要求我们认识到，用迈克尔·墨菲（Michael Murphy）的话说就是，"一个更伟大的生命亟待诞生。"

如果我们没有响应这个召唤，它就会在生

活中以相似的模式反复出现，在我们心中唤起相似的感受。我们会一遍遍地反复思索："*我怎么又遇到这种事？*"或者是，"*我怎么还在这儿？*"答案就是，这个警醒的讯号会一次次地出现，直到我们的潜意识愿意踏上"成为真正自我"的旅程为止。在这段旅程中，我们将重新回忆起那个完美又完整的事实真相：我们是谁。这是一场持续终生的探寻，因为心灵的花园需要我们每天勤加照拂。它就像小孩子一样，没能力管好自己。我们的人生需要高能力的、心怀未来的、成年版的我们走上前来，坐上驾驶座。

之所以称它为旅程，是因为任何形式的疗愈，无论是身体层面还是心灵层面，都不会是线性的、无缝衔接的。生命在向外伸展之前，会先收缩回来；在向前跃出之前，会先蹲伏下去。我们不应该抗拒这些平衡的动作，而是要去拥抱它们。躲避得越久，我们在这些具体事件上纠结的时间就会越长——这些事件之所以出现在我们的生命道路上，只有一个目的，那就是唤醒我们。若是一直将心力耗费在这些事上，我们就无法真正开启那个更为艰难，但回报也远远更多的功课。

在很多方面，疗愈的旅程并不是你人生故事里的某一个章节——它会改变你撰写整本书的方式。你对待人生的方式改变了：之前你总会感到失望，因为生活没能满足你的每一个期待；如今，你拓展视野，为的是感知所有的魔力、奇迹、敬畏、心痛、失去、得到、对比，这一切让我们成为有血有肉的人：多面、立体、不可预测。

完成疗愈的自我，并不是毫无瑕疵的自我。它无法对悲伤、哀悼或恐惧免疫。但是，它再也不会被这些感受掌控。该悲伤的时候，它会感到悲伤；该哀悼的时候，它会哀悼；与此同时，它感到满足的时刻也比以前变多了。它依然会对未知的事或重要的事（或二者兼备）感到恐惧，但它不再允许这种情绪阻止它向前走。生活中充满艰难的挑战，也可能很不公平，而情绪总是与我们经历的事相伴相生，互相交织，如果没有"穿越"这些情绪的能力，我们往往就会陷在往日的旧故事中，无法自拔。

当我们能在不依赖任何人的情况下，正视、接纳并处理自己的人生体验，神奇的事情就会发生。我们开始与内心的真正渴望重新建立联结，开始察觉到最微妙的直觉，并且不再破坏心中灵光闪现的想法和感受。就这样，我们会渐渐遇到一连串意料之外的、"机缘巧合"的事。随着时间的推移，我们开始意识到，原来这一段段经历背后存在一条共同的线索，也就是灵魂给出的无声指引。这指引始终存在，并且总是引领我们超越所能看到的现实。

当我们察觉到了这种力量的存在，就开始多信任它一点了。当我们越来越信任它，我们开始更加笃定地跟随它。我们开始体会到更多的放松和爱。基于这个全新的、有稳定内核的人生态度，我们的生活渐渐开始重归和谐。我们意识到，其实我们从未真正迷失，我们只不过是给了自己一个空间，好让自己此后能心无旁骛地前行。

你的首要使命就是疗愈。

你知道自己注定要成为怎样的人。在你逐渐成为那个人的过程中，一种全然的、纯粹的影响力将会像扩散的涟漪一样，影响到你身边的每一个人、每一件事。一切都跟以前不一样了。如果你想不出如何才能给世界留下有价值的东西，如何帮助他人，或是如何用这辈子的时间做点有意义的事，那么最重要的起点，就是做好你自己。

这也是最艰难的起点。

盯着外部世界，指责别人哪里做得不对，这远远容易得多。不容易的，是望向镜中的自己，坦承自己尚未将真正的潜力发挥出来，尚未看到自己的成长空间，从而没能持续不断地推动自己每天改变一点点。

当我们勇敢承担起注定属于我们的、独一无二的命运，世上的其他人也会同我们一起开始疗愈，因为我们每个人都是整体的一部分。完美无瑕是不存在的，因为它与世界存在的真意相悖——这个世界，是让灵魂成长的训练场。重点不在于接管世界，把它变成我们心目中最完美的样子，而是终于去做我们一直想做的事：觉醒，铭记，见证我们自身潜质的种子生根发芽。

世上没有一模一样的两个人，同样，我们每个人的使命也独一无二，而这恰好就是本书的用意所在：唤醒每一位读者，让我们在自身所属的世界一隅，凭借此生拥有的这段时间，以自己所知的独特方式，真正影响我们身边的人。

你听到了召唤。这召唤让你从原本计划好的人生中醒来，全心全意地做出承诺，投入那个一直在等待你的人生。在这件事上，你绝非孤身一人。我相信，如果能做到的人足够多，我们将有机会看到，我们共同拥有的物质现实发生了巨大的变化。没有一个人不需要疗愈，因为没有一个人不需要从无意识中醒来，投身于生命所能给予的一切。

这本书是一些文章的结集，是这些年来我在自己的旅程中陆续撰写的。踏上这段旅程时，我还是个小姑娘，饱受严重的精神与情绪健康障碍之苦，如今，在这个微凉的夏日夜晚，我坐在加州的海岸边，已经拥有健康、成就，与他人的温暖联结，我的生命开始蓬勃绽放。此时，我为你写下这些字句。

如果你拿起了这本书，你就已经踏上了同样的疗愈旅程，在这段路途上，你也将发现自己真正的使命。你勇敢的灵魂开启了它，我希望在这段旅程中，这些文字能够抚慰你的心灵。

在道路那头等你。

布里安娜·威斯特

2022 年 1 月

第 1 篇

疗愈的方法

那种隐隐的、熟悉的感觉又来了，就好像什么地方出了问题，但又说不上来。你开始盘点自己的人生：工作、薪水、朋友、生命中某个阶段里的某个人现在会怎么看你、你在脸书（Facebook）上漂亮的新头像……把这些片段拼在一起，应该就能抵消那种感觉了呀。

然而并没有。

你硬扛着，一天天过下去。可那种隐痛总是出来阻挠。它越来越聒噪，终成轰然巨响。你想办法分散自己的注意力，比如埋头工作，看看新闻和推特（Twitter），或是关注某些让你暂时更害怕的东西。

这种状况持续下去，直到有一天你意识到，你已经被一种无法说清的痛苦缠住了。渐渐地，它拖垮了你。起床变得越来越难，出门变得越来越难，而喝酒变得很容易，你喝得越来越多，要么就是不停地吃，不停地买，不停地在社交媒体上发自拍照。人人都有自己的应付办法。

这种搞不懂的、细微又吓人的感受把你弄得越是困惑，情况就越糟。情况越糟，你就越是确信，这种状态肯定是在警告你，某些事情要发生了。你开始胡思乱想，编造可怕的故事。你也知道这些故事不合逻辑，自己的反应有点过头。可是，你坚信你的世界就快完蛋了，这些"直觉"，这些你一直被暗示应该相信的东西，肯定是在警告你，要你去躲起来。

但你现在看不到的是，并没有哪里真的出了问题。

实际上，一切都没问题，因此你才终于觉得足够安全，可以去感受这些情绪了。别再向外投射。别再编造故事。这些令你无精打采、心神不宁的情绪不是来自未来，而是来自过去。

这么久以来，你一直背负着它们。

如果我们没能把过往的情绪处理完，它们就会像没能消化的食物一样，一直留在我们体内，或是像一直没有打包整理、扔到路边的旧衣服。有时候，这些情绪中蕴含着营养、智慧和指引；还有些时候，它们是某些早已结束的人生篇章的残骸与碎片。

无论属于哪一种，它们都是讯号。这讯号告诉我们，我们还被困在某些空间里，未能自由。

当你做好了疗愈的准备，你需要找一个非常安全的地方，躺下来，专心地感受这些浓烈的情绪。让它们向你呈现出源头。渐渐地，你会看见早已忘记的情景，回忆起早已忘记的情绪。往事犹如闪回的片段，在脑海中一一浮现。慢慢地，随着时间渐渐过去，你会意识到真正出了问题的地方在哪儿——那是你想隔离开的一部分自我，你不得不在心里建起一堵墙，因为在墙的后面，是一道你还不知道该如何去疗愈的伤口。

当你准备好了，你会越过那堵墙。

你会知道，那些愤怒、伤心和焦虑其实都是外层的幌子，它们真正的用意是想唤醒你，而不是把你击倒。

你需要哭泣。你需要为当年那个心碎的十三岁少女而哭，或是为那个被哥们儿刻薄对待的十六岁少年而哭。你需要哀悼失去的东西。你需要穿越到过去，以成年人的形象出现在往昔的场景中，告诉年少时期的自己，在需要的时候，要把该说的话说出来——尽管彼时的你不知道该怎么说，或是没勇气说出来。你需要这样做，一次又一次，直到渐渐发觉心里变得轻松了。这就是放手。虽然你不能改变时间，但你以某种方式改写了自己的故事。

你需要流汗。你需要拉伸身体，动起来，仔细留意身上何处感到紧绷，何处不太舒服，你把所有的痛苦情绪压抑和储存到了何处。

你需要甩掉负担。就是字面意义上的甩——你需要躺到地板上，把一切重负都甩掉。你需要让自己感受脆弱和渺小——说到底，这两种感受都是我们最不愿意体会的。

你需要臣服。通过泪水、汗水、甩脱……你停止了对抗。你会如实地看见自己的过往，如其所是，因此你也会如实地看见自己的现在，如其所是——它充满了希望和潜力。

最终，你会站起来，而你的世界也会渐渐开始改变。

你离开旧关系，建立新的。你打电话给许久不曾联络的友人。突然间，你灵光乍现，去报名了一个新课程，或是开始写辞职信。你开始写东西，看书，坐在户外，多喝清水，对这些简单却滋养的事心存感激。入睡变得容易一些了。渐渐地，你回归自身。你进入情绪的烈火，把一切阻碍你真正活出自我的东西都烧掉。

然后你会明白，当你失去某个人的时候，你必须哭泣。

当你遭遇挫折的时候，你必须感受挫折。

当你想说什么的时候，你必须说出来。

在疗愈的过程中，你不止学会了如何回到过去，修复那些未完成的事。你也学会了如何向前走，如何更有觉知地生活，如何活在当下，如何实时处理体验。这样做的次数越多，你觉醒得就越是彻底，越是可以全然地投入生活。你重新开始发声，重新开始感受，你重新开始存在。

当你感到有足够的力量，可以去面对问题的时候，你渐渐看见了自己的灵魂。

它始终在那儿。只不过它被埋藏在岁月之下，被埋藏在一层层的身份、风格、信念和想法之下，这些东西粘附在你身上，好似一层外壳。

你从未迷失。

你只是被埋藏起来了。

这一切让你如此难受的情绪，不过是你最深层的自我在努力地跟你说话，努力地提醒你它的存在。

这只是真正的你在说：继续往前走。生活远不止于此。

第 2 篇

当你做好了改变人生的准备

假如，在你感到最孤独的时刻，你开始意识到，你同时也是自由的，那会如何？

假如你能够看到，在你最害怕的这些时刻里，你同时也彻底摆脱了他人的期待，你可以重新定义自己，可以用自己的方式探索人生，可以听见自己内心的声音，那会如何？假如独自上场（无论以何种身份）标志着独立与勇气；假如你不再认为孤身一人意味着失败，而是标志着你已经胜利完成了最需要胆量的任务，那会如何？

假如，你不再认为现在这份工作不够好——无论是薪水、职位，还是其他任何你不满意的方面——而是开始意识到，世上没有哪些工作能够定义完整的、真正的你，那会如何？假如你开始明白，工作只是达成目的的手段，你为自己或家人的幸福感与安全感所做的任何事固然都很重要，但它只是成功的一个侧面，那会如何？假如，你不再认为你必须要做到最好才等于"足够好"，而是意识到，每天醒来有地方可去，有事情可做，其实是一种使命，是天赐的礼物，你永远不该把它们视作理所当然，那会如何？

假如你不再认为自己失败了，而是认识到，失败只是人生在敦促你朝着另一个方向前进，那会如何？假如你不再计算事情有多少次没能精准地按照你的设想发展，而是认为，或许你被引领到了一个更好的地方，那会如何？假如，世上有一种极为强大的力量，或许你叫不出它的名字，看不见它，甚至无法相信它的存在，但这种力量在保护着你，它之所以不让你得到苦苦哀求的东西，是因为你注定要得到另外一些——假如你从这个事实中感受到了敬畏，那会如何？

假如你不再认为，人生理应丝滑顺畅地发展，而是意识到，不断推开一扇扇门——即便它们全都紧闭着——这种行为所需的勇气，正是人生旅程的一部分，那会如何？

假如，你不再对世界和生活失去希望，而是允许失败巩固你的信念，允许自己看到，无论你多么想要放弃，这世间总有一条路等着你去走，总有一个力场在托举着你，那会如何？

假如，你不再因为某个人跟你想象中不一样而心生怨念，而是意识到，此人愿意为你付出时间，这已经是终极的牺牲，是爱的表现，那会如何？假如你意识到，他们完全没有义务成为你心目中的样子，并且你能做的最有爱的事，就是不再用你头脑中的期待束缚他们，那会如何？假如你意识到，他们不必非得成为你心目中的样子，才能换得你注定要分享出去的爱，那会如何？假如你现在得到的礼物，就是有机会见证某个人最天然的、不加任何雕饰的真心，见证他的棱角和不完美，那会如何？假如这趟旅程的真意就是要你去爱一个有缺点的人，这样一来，你或许就能以同样的方式，去爱自己的缺点，那又会如何？

假如，你的理想人生不是在某个你想象出来的观众面前，把一切事情都做得至臻完美，而是你拥有少数几件深深热爱的事，并且为它们付出心血，把只会阻拦你、不让你追寻心中所爱、不让你投入生活的一切牵绊统统都抛在脑后，那会如何？

假如你的身体呈现出来的正是它该有的样子，分毫不差，而你却一心盯着那些没有一个人注意到的瑕疵，对人人都看到的美视而不见？假如你认定自己的外貌有问题，只是因为你花了太多的时间幻想：若是自己能变得完美，该有多么轻盈，多么自由？假如你最需要做的就是睁开眼睛看看四周，看看那些你认识的人，不认识的人，那些生活在周围世界的人，那会如何？假如你真正意识到，几乎没人能生活在那种幻想里，然而世上还是有那么多人，依然被深深地、全心全意地爱着，他们充满了活力，由衷地感到幸福，他们活得真实，蓬勃地绽放，活出了注定该有的样子，假如是这样，那会如何？

我并不是说，你的生活中没有真正的问题，我的意思是，当你忙着解决那些不是问题的"问题"，满心想的都是没有答案的问题，你就很难看见真正的问题所在。你可以把整整一辈子的时间都用来反复琢磨自己是否有价值、是否足够好、是否漂亮、是否成功，可你永远也得不到确定的答案。所以，你面临一个选择：该如何围绕现有事实，建立自己的感知。

这么多年来，你都一直沉浸在所能想到的、对现实最消极负面的诠释中，假如，你早就该用充满希望的、欢悦的、积极正面的想法来清洁自己的头脑，让一切重归平衡，那会如何？

假如，你这辈子一直都在被人灌输一个观念：你生命的意义就是尽可能活得完美无瑕。而你现在开始敞开心扉，接受另一个观点：或许你来到此地，就是为了趁着还在路上的时候，享受这趟旅程。假如是这样，那会如何？

第 3 篇

这一年，放下那些还没准备好爱你的人

这是你不得不做的、最难的事，但同时它也是最重要的：停下来，别再爱那些还没准备好爱你的人。

别再跟那些不想改变的人艰难对话。别再去见那些不关心你是否在场的人。别再把那些把你当备胎的人摆在第一位。别再爱那些还没准备好爱你的人。

我明白，这是你的天性，你想要做到能做的一切，赢得每一个人的青睐，可是，也正是这种冲动抢走了你的时间，你的精力，你的理性。

当你带着爱，带着好奇，带着承诺，开始全身心地投入生活，并不是每一个人都能做好准备，与你相见。

这并不意味着你需要改变自己。这意味着你需要停下来，别再爱那些还没准备好爱你的人。

如果你把绝大多数时间花在某些人身上，却被他们忽略了、不露声色地侮辱了、粗心地忘记了，或是轻而易举地漠视了，而你还在继续为他们付出精力和生命，那你就是在严重地伤害自己。

你并非为了每个人而活，每个人也不是为了你而活。正是因为这个，当你真正遇到为数不多的、跟你建立起真挚友谊或真心爱你的人，这种关系才显得弥足珍贵——你之所以知道它的珍贵，是因为你经历过相反的。

可是，如果你还在勉力强迫没能力爱你的人去爱你，你花的时间越长，就越没机会建立这种珍贵的关系。它在等待你呢。这个星球上生活着数十亿人，其中有那么多都跟你处在同一水准，他们能跟你同频共振，跟你建立联结。

可是，如果你还把自己放得很低，躲在熟悉的关系里——即便他们把你当成备胎、靠垫、情绪垃圾桶——你在这种状态里待得越长，就越是把自己关在渴望的群体之外。

或许，要是你不再露面，别人就不喜欢你了。

或许，你会被完全忘掉。

或许，要是你不再努力，这段关系就完了。

或许，要是你不再发短信，手机就会一连黑屏好几天、好几周。

或许，要是你不再对某个人付出爱，你们之间的爱就会消失不见。

这并不意味着你毁了一段关系。这意味着维持这段关系的因素只有一个，那就是你（而且只有你）付出的精力。

这不是爱。这是执着。

一生中，你所拥有的最宝贵、最重要的东西就是你的精力。有限的不是时间，而是精力。你每天把精力花在哪儿，成果是看得见的，你持续投入得越多，创造出来的就越多。你为之投入时间的事，将定义你的存在。

意识到这一点，你就会理解，为什么当你把时间花在错误的人身上，就会变得如此焦虑。把人换成工作、地点、城市，也都如是。

你会渐渐意识到，你能为你的人生、你自己以及你认识的每一个人所做的最重要的事，就是坚定果敢地保护自己的精力。

让你的生活成为一片安全又宁静的保护区，只允许那些有能力关爱、倾听和联结的人进入。

拯救世人不是你的职责。

说服他们、让他们接受拯救，也不是你的职责。

你陪在某些人身边，一点一滴地付出你的生命，因为你怜悯他们，因为你感到内疚，因为你觉得"应该"，因为你有责任……这一切都不是你的职责。说到底，这都是因为你害怕自己不被人喜欢。

意识到你是自己命运的主人，你接受到的爱正是你认为自己配得的，这才是你的职责。

请你做一个决定：你值得拥有真正的友谊、真挚的承诺、全然的爱，与那些健康的、蓬勃绽放的人在一起。

然后，在黑暗中静静等待，只需再多等一会儿……

……看着一切以多快的速度发生改变吧。

— 第 *4* 篇 —

47 个日常可做的微疗愈

01 ｜ 做一些让未来的你会感谢你的事，即便很微小。

02 ｜ 对于那些现在的你拥有的、但昨天的你会羡慕的东西，请感谢它们，即便现在你觉得它们很平常。

03 ｜ 对你期待的某件事说"谢谢"，就好像它已经发生了一样。把它写下来，大声念出来。就算只做一遍也足够。

04 ｜ 感受"滚雪球"的力量。每天从小小的事情开始，让前进的势头自然累积。

05 ｜ 朝着正确的方向做出小小的改变。喝半杯清水。绕着街区走一圈。做一次深呼吸。

06 ｜ 允许自己感受内心的情绪，哪怕就试今天这一天。

07 ｜找一个健康有益的消遣来休息头脑。

08 ｜盘点那些让你对自己感觉不好的人，把他们——取关。

09 ｜把所有的不适感看作潜意识在对你说话：比起现在，你能够
拥有更多、更好。

10 ｜写日记。打开本子，把你的真实感受写下来。此时不要用积
极正面的话语反驳自己。一旦你的潜意识变得清晰一些了，
积极的想法会自行出现。

11 ｜允许自己做梦。想象自己接下来想要搭建什么、创造什么。

12 ｜给自己找个盼头。计划一次旅行，安排一个约会，或是出门
逛逛。

13 ｜如果你想做出改变，今天就开始。去找新工作。如果你需要
向某人道歉，那就动手写封信。如果时间没有解决问题，那
它很可能是在等你先行动。

14 ｜对于头脑产生的念头，不要每个都相信。

15 ｜对于心里浮起的情绪，不要每个都信赖。

16 | 一件件地回想曾经令你非常担心但后来一帆风顺的事情。想想吧，有时恐惧会让我们相信，最糟糕的想法最真实。

17 | 回想这样的时刻：你产生了强烈的、无法抵挡的情绪，可你并不理解这是怎么回事。你会发现，有时你只需要学会如何让它们自然而然地过去。

18 | 每天做一点让自己更了解自己的事。写下自己喜欢什么、不喜欢什么。看见自己的价值观、信念、希望和恐惧。

19 | 和懂你的人待在一起。

20 | 为别人做点不求回报的事。

21 | 别怕"掉线"。少花点时间玩手机，推掉那些消耗精力的事情。要记得，你的精力和注意力是多么珍贵。

22 | 读一些能让你换个角度看待世界的东西。

23 | 留意那些你做起来毫不费力的事，通向未来的钥匙就隐藏在这些事中。

24 | 留意那些你感兴趣的事，通向使命的钥匙就隐藏在这些事中。

25 | 留意那些你最为纠结的事，通向疗愈的钥匙就隐藏在这些事中。

26 | 练习用健康的方式维护自己的利益。对着镜子，练习如何设定边界。学着用充满尊严和优雅的方式说出自己的真实想法。

27 | 认识到这一点：别人身上最令你烦恼的特质——无论是什么——会反映出你自己身上的、未曾察觉到的特质。把这些不舒服的感受视作机会，来疗愈你身上看不见的伤口。

28 | 对于那些令你愉悦的事，深深地投入进去吧。

29 | 为你真心关爱的人做点特别的事，哪怕只是发一条短信，告诉对方你有多爱他。

30 | 做一张愿景板。

31 | 仔细研究你敬佩的人的日常习惯。

32 | 仔细研究你不敬佩的人的日常习惯。

33 | 当你感到有评判他人的冲动时，温柔地提醒自己：每次你评判别人的时候，只会让你对自己更加严苛。

34 | 用清晰诚实的词句把自己的感受表达出来。这会帮你处理和接纳情绪，即便你现在还不明白这个做法的原理。

35 | 细细"审问"某个负面想法。这一次，不再无意识地被它带着走，而是停下来问问自己：这个想法符合事实吗？我能找到某个事实来证明它是真的吗？谁说它是真的？

36 | 然后问问自己：这个想法能帮助我把生活推向我想要的方向吗？

37 | 允许自己休息。如果你今天能做到的只有醒来、继续呼吸，那也是可以的。

38 | 列一个待办事项清单，然后把它删减到一半。接着再删减一半。留下一到两件最重要的事。全神贯注地做这些事，而且只做这些。从今往后都这样做。

39 | 认真想想你已经走了多远。有哪些事，是你从未想过能做成的？有哪些东西和感受，是你从未想过能拥有的？把它们列成清单。

40 | 认真想想你已经克服了多少难关。数一数曾经有多少次，你发誓自己做不到，但每一次都做到了。

41 ｜真诚地感恩。想几件你真的很开心能拥有的事物。

42 ｜以目前的处境来看，如果你觉得说感觉"很好"为时尚早，那就尽力让自己感觉"不好也不坏"吧。

43 ｜累了就睡。

44 ｜饿了就吃。

45 ｜在做出反应之前先停一下。你可以生气，但你需要知道自己在做什么：你真的要允许这个情绪控制你，令你做出有可能影响你未来几年的安全或生活品质的举动吗。

46 ｜给自己写一张小纸条，一一列出当恐慌情绪来袭时，你该做什么。当你清醒冷静的时候，告诉自己，当你不恐慌的时候该做什么。

47 ｜请记得，你不能永生。这一切都会过去。时光无法恒久。你不会永远受困。生命飞快流逝，一刻不停。你只是匆匆的过客。尽你所能，尽情地品味它吧。

第 5 篇

真正的你

世上有无数个版本的你。

昨天的你，今天的你。五年前的你，十年后的你。今天早上的你，今天晚上的你。

别人心目中的你——那些你熟悉的人、只有泛泛之交的人、偶遇的人、深爱的人。他们每个人心目中都有一幅关于你的独特画像，而且是被他们自己的经历、喜好、信念、对自身的感受渲染过的。

当我们感到自己被牢牢卡住，不知道该何去何从的时候，往往是因为我们想把我们以为的、自己在别人眼中的形象拼合起来，希望借助这种方式来看清自己真正的模样。但我们没有意识到的是，我们的版本不止一个。其中既有我们对自身的体验，也有别人眼中面貌各异的我们。如果我们终其一生都在努力管控这些印象，就会彻底迷失其中。

假如世上存在一个更宏大的真相呢？而且它正在恳求我们看见它？

你拥有的经历很可能比你记得的更丰富，也比你记得的更美好。你见到的世界比你认为的更广阔。你感受到的幸福和愉悦、得到过的启发，都比你意识到的多。在你最怀疑自己的时刻，你成功的次数其实比你认为的要多。

你被接纳的次数比你记得的要多。你被感激、被认可的次数比你知道的要多。看见你潜力的人比你意识到的多。他们对你的喜爱比你以为的多。需要你的人远比你认为的更多，比如朋友、家人，比如你未来的爱人——他们以你多半从未想象过的方式渴望着你。

当最亲近的人看着你的时候，他们看到的优点远比你自认为的多。

你对世界造成的影响比你认为的要大。你抚慰过更多哀痛的心，鼓舞过更多的人，你帮助他们在失败中看到希望。一个善良无私的举动会激起涟漪，传遍整个世界。这样的例子比你认为的要多。你的爱已经碰触到了星球另一端的人，只是你现在还不知道而已。

你拥有的有利条件，比你现在看到的多。

我们很容易用空白和缺失来定义自己。可是，这些未必都是有待填补的空缺，相反，它们呈现出一种简单的对比：一边是真正的我们，另一边是我们原本就不会成为的那种人。生命中存在许许多多并存的人生真相，当我们学会为所有这些真相留出空间，我们就会渐渐理解，体验本身既是收缩，也是扩张。

有高峰，有低谷；有美好，有心碎。它们是交织并存的。

单一的事例或体验无法定义我们，也无法总结我们。我们以为存在于别人心目中的那个固定不变的独特画像，往往只是我们自己内心的投射，反映的是我们自己最大的希望和最深的恐惧。我们是流动的、不断进化的存在。下一秒的我们已经与上一秒不同。我们花了太多时间去假想我们在世间的模样，却不曾真切地感受自己的人生体验。我们允许自己被贴上标签，被框定——被我们做过的事，以及别人对这些事的反应，而不是"我们希望成为怎样的人"，以及我们的内心是否对此感到安宁从容。

当我们每天都以崭新的面貌出现，世界就会发生相应的改变。

"过去的自己"无法将我们永远框定。

可是，比起其他人，你自己却最容易这样看待自己。比起其他人，你最容易相信，你身上最糟糕的部分，就是你最真实的部分。

没有人——这世上没有一个人——想着你的时间比你想着自己的时间多。

他们都忙着想自己的生活呢，以及别人怎么看待自己，自己够不够好，等等等等。

踏上疗愈旅程之后，我们会渐渐发现，生活不一定非要被"我认为的、别人眼中的自己"框住。

事实真相是，在有些人眼中，你是美的标准；在另一些人眼中，你不过是普通路人。在有些人眼中，你是天才；在另一些人眼中，你无足轻重。在有些人眼中，你是超级棒的好朋友；在另一些人眼中，你是彻头彻尾的陌生人。在有些人眼中，你是人生伴侣；在另一些人眼中，你压根不是他们喜欢的类型。在有些人眼中，你是老师；在另一些人眼中，你是学生。在有些人眼中，你是可以指路的向导；在另一些人眼中，你才刚刚踏上旅程。在有些人眼中，你是耀眼的明灯；在另一些人眼中，你揭示出他们的黑暗。

事实是，你拥有各式各样的身份、角色和模样，存在于各式各样的信念与故事中，然而真正重要的只有一个——那就是你告诉自己的那一个。

让这个认知放你自由。

让它帮你看到，比起长久以来你允许自己相信的模样，你身上存在更多维度、更多对比、更多微妙之处、更多美好特质。

你做成的事比你认为的更多。你的阅历比你认为的更多。你对他人的重要性，比你认为的更多。

把这本书合上一小会儿。

花一秒钟，深吸一口气，看看四周。

这四周所蕴含的，远比你此前意识到的更多。

等待着你的，远比你此前设想的更多。

— *6* 篇 —

如何重新开始

当重新开始的时机到来的时候，你不会察觉到，因为此时你全部的感受就是，这是一个无法承受的终局。

比如说，你熟悉的某件事突然莫名其妙地停止了。你很可能对这件事非常有感情，心怀巨大的期待，或是投入了大量成本。由于我们的人生始终在变化和适应，所以，我们没能随之而变的原因只有一个，那就是我们被牢牢卡住了，以至于看不见还有另一条向前的路。

一瞬间，你觉得天好像塌下来了。

一种感受在你心中反复萦绕：你彻底失败了。你不知道接下来会怎样，也不知道该怎么做。眼下，你能估算出的只有失去了多少，而不是即将得到多少。

这还算是幸运的。

对我们绝大多数人来说，我们甚至都意识不到该放手了，我们只知道，现在的做法行不通了。

即便你觉得变化发生得太快，令你措手不及，但实际并不是。这件事情多半在很久以前就已经行不通了，而你一直在否认。你希望它变成你想要的样子，可这种妄念或幻梦完全是不真实的。是时候从中走出，进入现实了，你需要走进当下，走进真实的生活。

这就是重新开始的含义。

这意味着，是时候觉察和接纳这些了：这件事始终就是行不通的，你其实是在用它掩盖另一些东西。当我们过于执着某件事的结果、无法忍受它发生一点点变化的时候，这通常都是因为我们在拿它掩饰自身的某种东西——这件东西，就是我们的不满。

或许一段感情关系结束了，而你无法想象，自己今后还会再谈恋爱。

或许你发现这段职业生涯没有前景，而你无法想象，今后该怎么赚钱啊。

或许你终于想通，该换个地方生活了，可一想到要在一个举目无亲的新地方安顿下来，你就好像连试的勇气都没有了。

往深里想想，结束的那段感情其实是一种分心的手段，让你不去细想你与自己之间的关系缺失了什么。那段没能发展下去的职业生涯，其实从来就没有前景，你之所以做那份工作，只是因为不愿尝试舒适区之外的东西，而舒适区之内已经没有任何新事物了。你需要离开的这个地方或许曾经适合你，但你已经成长了，现在这种生活已经无法再支持你成为想成为的人，去往你想去的地方。

你必须独自一人度过很多个长夜，点上蜡烛，给自己做顿晚餐，学着爱自己，学着独处，并且享受这种时光。你必须留在原地，学着舔舐"我不配得"的伤口，然后才会被爱。

你必须回到工作的起点，好好运用你所拥有的能力、资源、成绩和经验。牢记你擅长什么、在哪些事情上有丰富经验、对哪些事有使命感。这三者的交汇就是你的道路所在，而且这条道路就在面前——即便另一个选择看上去更有诱惑力。

无论身处何地，你必须建造自己的家。你必须装饰它，安顿下来，出去结交新朋友。你必须找到自己的节奏与日常。你必须展露脆弱，必须被看见。

没有哪个地方可以让我们逃避自我。

是时候重新开始了，是时候就从此地出发。

把生活中衰败凋零的东西清理掉。

细心照料自己灵魂的花园。

从当前所在的地方出发，运用手中已有的资源。

以你已经建造起来的东西为基础。

填平地基上的裂缝。

加固已有的东西。

深深地扎根，将枝条向四面八方延展。

然后看看自己有什么感受。

我们不能一边在原地兜圈，一边还期待生活尽情绽放。我们需要先留在当前所在的地方，拿出勇气来疗愈内在的伤口，然后再转向其他的外部资源，去重建废墟。

如果我们一直在原地打转，就会始终处于逃避自我的状态。

我们可以就从当前所在之地重新开始，因为在任何时刻，我们都可以改变我们看待自身、看待生活的方式——说到底，这就是疗愈的真谛。

这意味着你认识到，内在的爱与生俱来，它始终都在，只不过被你的疑虑掩埋了起来。

这意味着你认识到，向前的道路早已存在，它始终都在，只不过隐藏在你的否认背后。

这意味着你认识到，你现在所在的地方，就是你该在的地方，即使你不会永远留在这里。

当我们学会了如何调整自己，而不是改变外界，我们就痊愈了。

生活往往是我们自身的反映和延展。我们可以一直跑到世界尽头，却依然没能感觉完整。这是因为我们真正要寻找的，是对自己的视角、认知和感受进行重塑。

这些功课，始于此时，始于此地。

无论人生把你带向哪里，你总会和自己在一起 —— 直到一切的尽头。

除你之外，没有人能把你从自己手中拯救出来。

重点从来都不是把身边的一切都调整到至臻完美，而是调整你看待一切的方式，直到你意识到，原来一切都已经足够，而且向来如此。

最重大的疗愈往往以最不起眼的方式发生

踏上疗愈之旅后，你会想要寻找奇迹。比如足以改变人生的、唤醒灵魂的、颠覆思维的真相。比如剧烈的变化、急速的重启、暴风骤雨般地释放无法忍受的情绪、痴迷地寻找能让你感觉好一点的东西，哪怕只有片刻也好。

但微妙的是，最重大的疗愈往往以最不起眼的方式发生。

比如，许下疗愈的愿望。把这个愿望写在纸上，放在你经常能看见的地方。你意识到，没人知道第一步应该怎么走，所以，有时候我们能采取的最有力量的方式，就是对宇宙坚定地宣告我们打算做什么。

比如，开辟出一块空间来，让自己静静地休息——你能给予自己的最安静、最深入的休息。你意识到，你的身体知道该怎么做，而你的任务就是支持它，别挡路。

比如，改变环境。这既包括大举措，也包括小行动。这或许意味着搬家，或许意味着收拾整理从前的物品，这样你就不必再生活在名叫"旧日"的博物馆中。你意识到，你需要适应周遭的环境，因此你必须做出明智的选择。你必须在自己的小世界里创造出一个宁静的空间，哪怕只有一个小角落也好，你终于发现，"家"从来都不存在于内心之外。

比如，做一点实实在在的事情。做预算、做血检、挂号去看医生、给自己制订计划。安排日程、写邮件、采买日常物品、按时去健身。不管这些事情乍一看有多么简单。当我们受伤的时候，这些小事往往被最先搁置起来，可是，它们也是最重要的。

比如，寻找适合你的支持力量。培训师、治疗师、人生教练。什么形式都可以，只要是你的独特旅程需要的。

比如，重新发现生活中微小的快乐。泡一个长长的澡。读一本翻开了就放不下的小说。静谧的周六清晨、干净的床单、闪烁的星光、城市的灯火、无垠的海洋。你意识到，这些始终都是大事情。

比如，跟自己确认，你希望什么是真的，并且在心底的某处知道它已经成真。你在脑海中看见未来的自己，并且愿意相信，或许，仅仅是或许，有朝一日你真的能成为那个人。比如，在需要的时候站出来为自己说话，但同时也能注意到，自己在什么时候把别人无心的评论误读成了轻视。这些事情全都需要更深层的自我觉察、更清醒的意识。

比如，你意识到伤口的灸痛其实是在阻止你尽情投入生活。在内心深处的某个地方，你感觉到，当你走出家门，想要开辟出一条属于自己的道路的时候，样样事情都会出错。瞧啊，你心中的恐惧在努力地把你锁住，因为它想要守护你的安全。

可它不知道的是，最大的失败，莫过于一个从未真正活过的人生。

最大的痛苦，莫过于一颗心从未被爱，一个灵魂从未被看见。

比如，你做出清醒的选择——不把注意力和情绪能量交给那些你不想拥有的经历。比如说，你意识到，你可以构建一个新的梦想。比如说，用最细微的方式，一点点地释放出真正的自我，并且意识到，有时最不起眼的事情，正是最有决定性的、最能拯救人的、最宽慰的、最重要的、最容易被忽视的，也是最真实的。

— 第 *8* 篇 —

发生深刻转变的 8 个阶段

积极正向的变化往往从一些种子事件中萌发而来。有时，这种事件让我们感受到的不确定、恐惧和焦虑比其他任何事都多。

这是因为，我们往往不愿意改变——直到改变成为唯一的出路。

我们天生就追求稳定。

我们的"出厂设计"就是留在舒适感中——其实就是熟悉感。

可是，这并不总是最有益的，在内心深处，我们多多少少也明白这一点。我们往往发现，当我们不去留意直觉的轻轻推动，生活中就会发生一些事，促使我们向前走——无论我们愿不愿意。

我们应该学着尊重这个过程，而不是害怕它。因为它往往意味着，某些更美好的事正在道路那头等着我们。

以下就是人生快要发生积极转变之前，会发生的 8 件事。

01 ｜一个催化性的事件发生了。

有时它很宏大，有时它很微小。

对许多人来说，促使他们开始积极蜕变的催化性事件往往是"失去"：失去一段重要的感情、工作，或是某个家庭成员。可能方式各异，但总归是你期待某件事在可预见的未来会一直存在，但它突然被终结了，因此，你的安全感也被夺走了。

在另一些情况下，这种事件更不容易觉察到。事实上，你很可能完全都没有意识到有事情发生了。

实际上，有一颗怀疑的种子被种下了。或许你见到了一个老朋友，这促使你去评估自己在人生中取得的进展。或许跟你很亲近的某个人把生活经营得有声有色，而这让你重新思考自己真正想要什么。或许你的压力与不满渐渐累积起来，你开始怀疑目前这种生活还能维持多久。

无论怎样，除非某个干扰事件发生，否则生活几乎从来不会朝着积极的方向发生改变。这个干扰事件让我们开始质疑自己的现状，然后敢于改变。

02 ｜你被迫停止否认。

关于"失去"的事实真相是，早在很久以前，那件事就已经行不通了，只是我们没有意识到而已。

除了你爱的某个人骤然离世，或是你以为会基业长青的某个公司突然倒闭，在生活中，几乎我们失去的每一件事，往往都早有征兆。

那段结束了的感情关系？它早就维持不下去了，所以它才会结束。那个你突然辞掉的工作？它早就维持不下去了，所以你才会离职。那个你拼命也要维持的生活方式？那不是真正的你，所以你才没办法继续下去。

接受下面这句话真的很难，但它太重要了：生活中的每一次失去，几乎都有用意。

就看我们何时愿意接受这个事实了。

03 ｜你感到强烈的愤怒与恐惧。

在"失去"的余波中，你往往会发现，自己置身于哀悼过程中——即便你并没有真的失去某个深爱的人。

所有这些情绪都是极为正当的。

当你的边界被侵犯，或是遇到了某种不公正，感到愤怒是健康且正常的。当生活突然改变，而你不知道接下来会怎样的时候，感到悲伤和害怕是健康且正常的。

你抗拒这些情绪的时间越长，它们盘桓的时间就越长。

它们是重大改变的一部分，其中蕴含着深远智慧的种子。

04 ｜你开始处理旧情绪和回忆。

在你不知不觉间，这颗种子已经开始生根发芽，它伸展出无数枝丫，每一枝都在促使你追问自己究竟是谁，你曾经希望自己变成什么样子。

这不会创造出恐惧和情绪，而是让已有的那些显露出来。

你紧抓着不放的每样事物，都是逃避这些情绪的手段。其中有些情绪被你埋藏得如此之深，以至于你以为它们已经消失不见。

情绪会一直留在我们体内，直到把我们需要知道的讯息传达给我们。

那条讯息说的不是我们没有价值、不值得被爱——虽然我们总是感觉如此。相反，它往往在说，我们没有让自己生活在一个能充分尊重我们的价值的生活环境中，也不曾意识到我们真正得到了多少爱，因此，我们没去寻找能让自己看到和感受到自身真相的感情关系。

你回忆起哪些东西曾经伤害了你，也想起了当时的感受。在回忆过程中，你很可能会意识到，你的很多自我信念是被一层层累积起来的人生经历创造出来的，而现在，你给了自己一个卸掉重负的机会。

此后，你肩头的重量就会轻一些了。

05 ｜你瞥见了更好的道路。

通常，当这个揭示真相的过程就快进行到终点的时候，就在你感到快要永远放弃的时候，你多半能瞥见隧道尽头的光亮。

或许有一天，你不知道从哪里得到灵感，想到了一个新颖的好主意；或许你碰巧联络了一个人，而他碰巧有一个非常合适的工作机会提供给你；或许你得到了鼓励，开始去做酝酿了很久的创业项目；或许你遇见了某个人；或许你搬了家；或许你感觉到，刚才提到的这些事情都有可能在触手可及的未来发生。

不管怎样，你开始感觉到一种隐隐的怀疑——没准真的会有好事即将发生吧？但在此时，你多半还不太相信。没关系，现在你也不需要非得相信。

现在你需要做的，就是不要止步，继续向前。

06 ｜你开始做出小小的调整。

带着这些新愿景，你开始做出小小的改变。

或许，所有的不适感，还有你对情绪的处理，一点点地推动着你。你去剪了个新发型，改掉了原有的工作方法，找到了空余时间可做的小嗜好。一点点地，你开始适应这个萌发出来的新自我。你找到了新真相、新节奏、新食粮。它们适合的是未来的你，而不是曾经的你。

07 ｜你跃出了一大步。

终于，当这些改变渐渐积累起来，你知道，是时候向前飞跃了。

或许你找到了新工作，或是离职、搬家，或许你改变了生活中的另一些事，而你曾经认为它们是绝无可能松动的。

在整个过程中，这个部分最为关键，因为它最吓人，也最重要。

想要在生活中真正引入积极正向的新事物，你往往需要踮起脚尖，伸手去够。这意味着你必须走出舒适区，用从未试过的方式思考和行动，同时还要深深相信自己和心中的愿景——其坚定程度，远远超过你此前相信过的一切事物。

这个飞跃，就是在旅程之初，那些催化性事件的用意。它们在帮你做好准备。

这就是那个深藏在你心中的梦，这个梦轻轻推动你放开过往，看见那些阻挡愿景与活力的情绪，这个梦终于做好了准备，开始显化成现实。

它一直在你心里。

它始终在等你。

你只需找到选择它的勇气，有时候，这意味着不给自己留出其他选择。

08 ｜你看到了痛苦背后的意图。

终于，你完成突破，进入了全新的人生。

如果你属于特别幸运的那一类，那你已经走得足够远，足以明白这一切背后都有意图，尤其是那些难受的时刻。

如果你的觉察力足够强，你或许还会意识到，要是之前没有这么难受，没准你就要带着未曾实现的梦想虚度余生，你用无足轻重的、不合逻辑的恐惧拖住自己，只把你注定该拥有的人生活出了一半，而这一切都是因为，你没有改变的勇气。

有时候，当我们没有顺其自然地走向注定该去的方向，我们就会给自己创造出这样的生命情境：除了往前走，其他任何事情都做不了。

命运不容否认。

或许在这句话中，你会找到些许宽慰。

或许你会意识到，不必害怕自己的情绪，因为暴风骤雨往往会把天空冲刷得一干二净，还会浇灌新生活的种子——那是你一直渴求、一直梦想、一直计划着要活出来的人生。

你只需要一点点助推。

第 9 篇

令你抗拒成长的 7 个偏见

成长是艰难的。

有时候，简直可以用可怕形容。

它需要我们诚实地审视自己，放弃已知的东西，把自己悬停在不确定之中，不知道何时才能找到下一步。

这意味着，除非我们有意识地选择成为另外的样子，否则就会一直保持原状。没错，每个人都会逐渐进化，逐渐适应，但是，如果你没有自己的意图，最终就会活成跟别人差不多的样子，而不是如实展现出自己的真实模样。

成长，是生命中必需的功课。

唯一的问题是我们何时开始，以及花多长时间才能认识到，为了给自己创造出更好的现实，我们往往需要违背一些直觉。

下面列举了一些不易觉察的恐惧，以及它们产生的影响。这些恐惧会阻止我们成为可能成为的人。

01 ｜对于"不舒服"，你已经觉得挺舒服了。

吃下太多甘润丰腴的甜点，会让味蕾招架不住，美味也会因此显得没那么诱人。同样，当我们不熟悉丰富浓烈的积极情绪时，我们也会心生抗拒。

盖伊·亨德里克斯，《不配得感：我们为什么会破坏自己的成功和快乐》（*The Big Leap*）的作者，把这个现象称为"上限"。

他的理论是，人们对幸福感都有一个接受上限，一旦积极情绪超过了这个设定值，我们就会无意识地做出自我破坏的行为，好把自己拉回到更为舒适的基线。

任何改变，无论有多么积极正向，都会令人感到不舒服——一直到它变得熟悉起来为止。

无论何时，只要你想在人生中做出积极正向的显著改变，思维观念也必须要跟上。如果你不相信自己值得拥有美好感受，你就会限制自己体验美好事物的能力。如果你不习惯事事顺遂，那么你就会把事情全都弄得艰难重重，好把自己拉下去，锚定在熟悉的感受上。

打破上限不等于把脑子里塞满积极想法。

它其实是这样一个过程：让自己脚踏实地地生活，表达感激，升级自己的信念系统——你完全可以感觉美好，完全可以在生活中创造美好，而且你值得拥有如繁花绽放般美好的事物。你不需要总是将它们连根拔起。

02 ｜ 现在的你还没看到所有的选项。

人类的心智无法准确预测出尚且不知道的东西。

当你想象未来有可能发生什么的时候，你真正在构想的，其实是针对过往经历的解决方案，是你曾经有过，而且想要继续维持的感受。你设想不到的，是你从没想到过的要求，因为你不知道自己想要它们。

真正的成长需要真诚的探索，这是一个不断试错的过程。它需要你先承认，你很可能不知道自己想要什么。

不确定的感受令人身心不宁，所以绝大多数人会彻底避开它。他们用各种耗神的行动来麻痹自己，这样就可以不去感受未知带来的恐惧。但他们没有意识到，如果不允许自己接纳未知，答案就永不会浮现。我们不必去竭力构建幸福的体验，而是在当下就可以找到它——如果我们能够感念已经拥有的，而不是总想着如何得到没有的。

借由这些，我们渐渐接近能让我们真正感受最好的事物，而不是看上去最好或是外人眼中"应该"很好的东西。

03 ｜你相信，不好的结果更有可能发生。

当你想象未来可能会发生什么的时候，消极负面的结果似乎总是比积极正面的更真实。这是"消极偏见"在作祟。我们天生更容易相信，坏事比好事更有可能发生，因为我们更害怕坏事。

一个看起来像威胁，另一个不像，所以我们的注意力会自然而然地放到"感觉上"更需要警惕的那件事上。但这会产生副作用——我们的防备心会因此加重。当我们太过相信消极偏见的时候，就会抗拒变化，不敢冒险，在总体上渐渐得到更不乐观的结果。

消极偏见之所以能限制我们，并不是因为我们没有能力务实，而是因为我们没想明白这一点：积极正面的结果往往比糟糕的更容易发生，只是它们没那么容易触发我们的情绪罢了。

04 ｜对于投入了大量时间的事，你会紧抓着不放，即便从长远来看，它并不真正适合你。

你最容易执着于那些投入最多的事情，哪怕从长远来看它做不成，哪怕更好的机会就摆在你面前。

这就是沉没成本谬误。

这个偏见令我们看不见事实真相：无论如何，船都要沉了。每多付出一分努力，无论是时间还是资源，都是进一步的损失。我们花了那么多时间，相信这件事能做成，但单凭这个也无法挽回败局。有时，即便是我们为之付出一切的事，从长远来看也未必是对我们最好的。

放手很艰难，但若是不放手，你会更艰难。

05 ｜先入为主。

大脑总是认为，先知道的、先看见的、先学会的、先做过的，都是最好的。

这会让我们更难改变。

对于职业前景，你最初的观念和做法会锚定你今日的认知，让你看不见新的可能性。你对某个地理区域或某种类型的人的第一印象，也很可能遵循这个规律。

你最先接触到的，或最先相信的东西，会在心智中占据主要地位。觉察到这一点非常重要，因为当更好的选择出现时，你需要看见它本真的样子。

06 | 基于短期经验做长远评估。

你刚刚经历一场分手，因此宣称自己再也找不到真爱；你觉得自己今天的样子看起来很糟糕，就认定自己天生长得丑，以后没可能变好看了；目前你感到迷失，于是沉浸在"我永远也找不到人生方向"的想法中无法自拔。当你得出这些结论的时候，就是在做以偏概全的片面推断。

片面推断，指的是基于某一次的经历，就认定今后必定会永远如此。

这一刻不等于你整个人生，它只是你整个人生中的一刻。

——瑞恩·霍乐迪（Ryan Holiday）

你没有意识到的是，你暂时遇到了糟糕的体验，但这并不意味着此后余生都会按照你害怕的方式发展。

你真正在说的是，你之所以在目前的情境中看不到出路，是因为在某种程度上，*你无法完全掌控这些情境。*

不要基于暂时的情境来断言人生会怎样，试着看见它真正的样子：这是一段你目前正在体验的经历，它最终必将烟消云散，就像其他一切经历一样。

07 | 把自省当作逃避手段，而不是切实改变人生的方法。

当我们在人生中开启了新篇章，往往都是因为我们对人生或自身有了新的领悟。

我们意识到自己需要调整路线，惊喜地领会到自己想成为怎样的人，我们放开牵绊，找到勇气，踏上崭新的路途。

往往就在这种时候，人们进入了低迷期。

虽然许多人认为放开过往、拥抱未来是一件很吓人的事，但它同时也让人感到轻松和自由。在产生顿悟、得到足以改变人生的觉察的高光时刻，那种感受是如此自由，以至于实实在在的执行环节被反衬得黯然失色。

坦诚地说，事实真相是，无论你选择此生要做什么，或是要成为谁，想要把这些做好，而且持续得足够长远，那么在某一个时间点上，所有事情都会变得单调无趣。有时候人生就是如此。追寻哪些东西最适合自己的时候，你肯定会感受到更多宁静和成就感，但你也会有低落的时候，有精疲力竭的时候，有质疑自己的时候，而且毫无疑问地，你会意识到，彻底连根拔起、重新另起炉灶远比日复一日地踏实赶路更有趣，更令人激动。

第 10 篇

真正适合你的事，会让你内心宁静

注定属于你的事，给你的感觉就像是长长地吐出一口气，像是回到了一个你早已忘记了的、像家一样的地方。我们总是渴望那些能帮我们逃避真正自我的东西，可是，真正注定属于我们的事物，也就是那些到来之后就留下的事物，会让我们感到安稳和平静。没有难以遏制的兴奋，没有手舞足蹈，相反，它们让人感到脚踏实地。这样的时刻，是爱真正存在的时刻。这样的时刻，是我们真正感受到生命活力的时刻。

真正适合你的事，会让你感到从容自在。

真正适合你的事，看起来会特别简单、特别明显、特别舒服。

真正适合你的事，会在你选择它的时候，同样快速地选择你。

真正适合你的事，既是顺理成章，也是意外惊喜。当你渴盼它的时候，它会出现；当你没在渴盼它的时候，它也会出现——既出乎意料，又确凿无疑。看上去，它是你人生中明摆着的事实，可与此同时，它又是完全崭新的东西。

我们往往以为，最适合我们的事会给我们带来最强烈的情绪，但这个看法是错的。真正适合我们的事给我们带来的是最*深刻*的情绪。爱是稳定的、无处不在的存在，不是令人心跳加速的欲念。命运是微妙的巧合，让你停下来，感慨说，哟，看这安排，难道不是很有趣吗？

适合我们的事不是震耳欲聋的宣言，无需强逼着自己才能去做，也不会让我们反复思量太久。它不会让我们四处寻找征兆，也无需征询朋友们的意见。它不会引发质疑、哀悼和自我怀疑。它不会让我们一直等待。它不是那种必须要赶紧抓住、否则就会消失不见的东西，而是当我们准备好的时候，它早已在那里等待。

最适合我们的事也是最容易被忽略的，因为在刚开始的时候，它们常常相当微小。

随着时间过去，微小的事会变成大事，我们只需给它们机会。我们只需保持原有的方向。我们只需认识到，人生会把注定属于我们的东西吸引过来。

有时候，我们唯一需要做的，就是不要挡路。

相信"适合你的事会主动找到你"，我知道这有多难，尤其是在一个不常发生这种好事的世界里。在令你感到深深失望和幻灭的人生中，有时候你需要收集起每一缕信念，才能相信，世上确实存在更好的道路。

有时候，你压根就不相信。

这也没关系。

适合你的事找到你的方式，和其他一切事物找到你的方式一模一样。每一个已经到来的事物，每一个必将到来的事物。由于你的存在和参与，它们才显化出来。适合你的事往往不需要苦苦追逐，而是需要你持续不断地追寻。你不必说服它们留下来，相反，它们会主动做出承诺。它们不是被我们有朝一日忽然"发现"的东西，而是摆到我们面前的暗示，是我们开始构筑人生的机会。

寻找灵魂伴侣的时候，我们往往会无奈地发现，原来有不计其数的人都怀着破碎的心，都迷失了方向。渐渐地，我们发现，注定与我们有缘的人不只是那些跟我们马上来电的人，也包括那些我们可以与之一起散步、一起成长、一同进化的人。伟大爱情故事的根系需要随着年月慢慢生长，你们一同度过的每一个转弯，一起学到的每一项功课，都是往下扎根的机会。你渴望的爱，是你与对方共同创造出来的，这个人和你有着同样的意愿，希望两人能够一同成长。爱之所以会失去，不是因为缺乏激情，而是因为缺乏成长的潜力。

寻找理想工作或人生使命的时候，我们往往会无奈地发现，每一条道路上都横亘着连绵不断的挑战，在翻山越岭的过程中，每一个与低价值感有关的恐惧都会现身。我们错误地以为，追寻梦想能帮我们摆脱人性，但事实上，这恰恰就是令我们真正成为人的方式。我们寻找的，不是一条容易走的人生路，而是有价值的人生路。我们愿意为之受伤，为之努力，为之不断成长。在这条路上，困难不再是威慑，反而化作动力。踏上这条路途之后，在每晚临睡之际，我们可以闭上双眼，感到放松和安宁，因为我们尽自己所能，为一件对我们自己（或他人）非常重要的事做出了努力——这种行为本身已经足够。

当我们每天醒来，思考该如何生活才能尊重并表达出最深层的真正自我，我们往往会忧心忡忡地意识到，无论带着多么清醒的意图投入生活，也总会遇到变数，那个我们无法掌控的、喧嚣的外部世界始终存在。我们追求的，并不是想办法说服自己，我们营造出的那个宁静小天地就是全部，而是要建造出一个属于自己的心灵避风港，用它时常提醒自己，在这世上开辟出一条美好的道路是有可能的，回归真正的自己是有可能的。

真正适合你的事会让你感到从容自在，这不是因为它们简单、容易做，或立即就能完美无瑕。它们之所以令你感到宁静，是因为你知道自己注定就要做这些事，不计成败。它们之所以令你感到宁静，是因为在每一天结束的时候你都知道，你已经为了真正重要的事倾尽全力。它们之所以令你感到宁静，是因为你很快就会意识到，在这个浩瀚无垠的宇宙里，能拥有一个灵魂，一项专属于你的任务，一具能够呼吸、能支持你实现这些的身体，就是你正在经历的、不可思议的奇迹。

真正适合你的事情会找到你，留下来。它们会助你成长，挑战你，改变你。

最重要的是，它们不在遥远的地方，不在未来，不在某个"有可能存在"的现实中。

它们毋庸置疑地存在于现时当下。正是这一点，最终让你的心从容自在。

第 11 篇

你必须练习放手

几乎每个人都以为，如果某件事不适合自己，那它终究会离开。我们流连、徘徊，我们紧抓住明显不适合自己的东西，等着宇宙来做这个脏活累活——等到活儿真的完成了，我们又感到伤心欲绝。

我们以为放手是为了进步和理智所做的最后努力——唯有在迫不得已的时候，我们才会放手；唯有在世界真的向我们证明，某件事注定不属于我们的时候，我们才会放手。

还有个更容易的办法。

放手不是一个动作，而是一项练习。

我们需要借由小事学起，所以当大事情来临的时候，我们就知道该怎么做了。

我们需要学着放掉念头，放掉某些时刻。

我们需要学着放掉泛泛之交，放掉对他人看法的在意；有那么多琐碎的争执，我们可以选择不去参与。我们需要学着放掉一些旧物，因为它们只是往昔的残迹；我们需要学着放掉一些旧衣，因为它们不再适合今日的我们。我们需要学着放掉一些旧日梦想，因为我们已经成长，经过了那个阶段；我们需要学着放掉这个念头：别人应当符合我的期待，而不是追随属于他们自己的、难以捉摸的人生真相。

我们已经把放手这件事捧得太高，犹如超人才能做到的丰功伟绩，或是只有真正开悟的人才能做到。我们找了那么多方法，想要绕开它。比如，为了争口气而努力变美，好给结束的恋情画上完美的句号，证明他们有眼无珠。我们找到了那么多方法，好立即证明自己已经头也不回地往前走了，然而，我们依然纹丝不动地留在原地——活在我们想象出来的、他人的眼光中。

放手就像呼吸一样轻松自然。

你每时每刻都在这样做。

你放掉的事情有成千上万，只有少数几件还紧抓不放。

有时候，放手是个行动，有时候，它是个决定，更为常见的是，它是注意力分散的结果。放手并不发生在我们认为"应该"放手的时候，而是发生在我们的头脑开始讲述不同的故事、构建全新现实的时候。往前走并不发生在我们对过往批评够了的时候，而是发生在我们开始更多地思考要在原址上建造什么的时候。

我们并不是在真正地放手。

我们只是在接纳"事情已经结束"的事实。

我们真正放掉的，只是一个念头。

一个曾经的念头。一个关于我们是谁或某个人应该是谁的念头。一个未来该是什么样子、我们又该如何去到那里的念头。一个世界是什么模样、它是如何运转的、我们在其中是否安全的念头。

你瞧，放手并不是松开手，让一切散入虚空的过程。它是一个深远的成长过程。当我们放开了那些不再有益处的东西，就不得不伸手去摘取那些终将治愈我们的东西。

第 12 篇

如何找到自信，去追求你真心热爱的事

这一篇写给每一个有过这种感受的人：你睁大双眼，凝视着美好的梦想前景，然而你的心口猛地一沉，因为疑虑、担忧和恐惧压倒了你。你担心，这种感受或许是个征兆，告诉你不要往前走。

这一篇写给每一个有这种想法的人：要是我真的做了这件事，别人会怎么想？类似的念头在脑海中不断回响，绕来绕去，最后都归结到同一个主题上。

你是谁啊？你也配？

或许你很年轻，还在学习。或许你没那么年轻了，已经拥有安全稳定的工作，可以稳妥地一路直通退休。或许你正在转换赛道。或许你正在尝试全新的东西。或许你终于攒足了勇气，敢把自己的作品和梦想分享出来了，这些东西是你自打小时候起就独自在卧室里鼓捣出来的。

当这篇文章找到你的时候，无论你处在人生旅程的哪个阶段，如果你内心深处有某个声音在召唤你，但有种难以承受的疑虑拼命想把你卡在原地，那么它就是写给你的。

你需要看看四周。

但别看伟人，别看你的偶像。

拿自己跟他们相比，只会让你感到渺小和没有价值。不要把他们当作衡量自己的标准，相反，把他们的成功视作"人有可能做成哪些事"的证据，然后看看周围的人。看看你的同行。看看你身边的人都在做什么。去留意有多少艺术家正在基于热爱，创造并构建起自己的生意。去看有多少作家在写诗，有多少教练在帮助客户成长，有多少课程正在售卖，教育行业如何向前发展，艺术作品如何被人买走并展示出来。

在这个世界上，许多在几年前还完全不可能的事，今天已经成为可能。

人们想要支持你。

他们想要从你身上学习。

他们想要和你一起成长。

你是这个生态系统的一部分，你已经是其中的一分子了。

如果你观察四周的时间足够长，就会发现，那些始终遵从内心最深层渴望的人，不一定是最有天赋、最才华横溢或是技艺最完美的。他们只是比你领先了几步，因为当你在纠结"该不该这样做"的时候，他们已经在持续不断地采取行动了。

当我们能把某件事做得格外出色的时候，我们对待它的态度往往会变成痴迷和狂热。这件事开始消耗我们。"这件事极其重要"的执念盖过了事情本身，这样一来，我们就把自己的手脚牢牢束缚住了，不知该如何是好。

你不必非走这条路不可。

事情不必非得变成这样。

你景仰的那些偶像是怎么做的呢？他们有正职工作呀。

那些拥有漫长且充实的人生、一辈子追求内心热爱的人，不一定是从这些事情上挣得收入的，他们不一定靠这些事赚了大钱。但有些人确实也能从中获得丰厚回报。不过，无论你选择哪一种，无论你是艺术家、发明家，还是创业者和探索者，都没必要用"对热爱之事的承诺是否大过世上一切"来衡量自己的价值。

是行动，让你的工作变得有价值。

是行动，让你变得有价值。

是行动，以及"允许"，让你创作出最优秀的作品。

重要的不是技艺的高低，不是作品的复杂程度或逼真程度，也不是谁能以最快的速度拿到最丰厚的报酬。重要的不是谁能最迅速地成功，或是谁最有这个可能性。重要的不是能创作出大师之作的少数几个人，而是许许多多愿意行动起来，尽自己所能，创作出能激发出自己的生命热情、能让自己感受和思考的作品的人。这些人常常向我们证明，我们想要分享和购买的，是在人的层面上与我们产生共鸣的作品，而不是那些吸引眼球的东西，前者才具备令人无法抗拒的吸引力。

挂在美术馆墙上的那些艺术作品是毋庸置疑的杰出之作，但它们并不会经常被人们挂在家里。这不是价格昂贵的问题，因为大家可以买复刻版画或印刷品。

被我们挂在家里的，是能与我们产生共鸣的东西。人们愿意把这样的东西摆在书架上，收藏在阅读列表里，人们会把这样的东西跟心爱的人分享。人们愿意掏钱购买这样的东西，愿意天天看见这样的东西。

你不一定非得先成为出色的艺术家，才有资格去追寻心中热爱。

你不一定非得成为畅销书作者，不一定非得上电视，你不一定非得变成家喻户晓的大名人，不一定非得写出让全国上下的学生们都要在课堂上研读的小说。你不一定非得成为最引人瞩目的、最难以企及的、地位最无法撼动的那一个。

你不定非得需要一大堆受众。

你不一定非得拥有一大批相信你有能力的人。

你所需的一切，就是创作出这些东西的意愿：真挚的、坦诚的、打动了你自己的东西；能把你拉出个体的人生体验、融入更广阔世界的东西；让你能够理解过往并看清未来的东西；让你再次体验到某些感受的东西，比如第一次爱上一个人、学会放手、发自内心地感到敬畏、被充分激发起生命热情、体会到内心的安宁。

这些，就是应该传递到我们这些人类同伴手上的东西。

如果你渴望得到允许，好让自己有资格去做热爱的事，如果你在寻找自信，好让自己有胆量去追求那些想要全天候投入的事，那么你真正想寻找的其实是一个答案：你是不是足够好，好到值得别人为你花时间。

所以，请听好：

人们想听的，是仿佛在讲述他们自身经历的故事。

他们想读的，是准确描摹出他们自身处境的作品。

他们想收集、想购买的，是能让他们感到"被人理解"的东西。

他们想在自身之外，看见一小块能反映出他们的内心的东西，而你能为别人创造出这种东西的唯一方法，就是拿出一小片自己的灵魂，付诸笔端。

仅此而已。

我们很容易相信这个观点：从小到大，包括进学校之后，我们见到的"好作品"就是好作品的全部。但定义那种"好作品"的标准一般都很窄（而且过时）。而且，精心挑选出它们的人，八成都有自己的意图。

那些标准不够全面，也不够有代表性，而且未必能像100年前那样，触动人们的内心。

今天我们需要的艺术已经和当年不一样了，因为我们不再需要为了证明自己的才华而创作。相反，我们可以为了分享能量而创作。我们可以为了表达经历而创作。我们可以为了让人们感到被听见、被理解而创作。

我们可以为了疗愈自己而创作，然后将这份疗愈扩展出去。

如果你在寻找征兆，寻找某些能让你相信自己有足够的能力和资格去追寻天命的东西，那么你必须从这件最能壮胆的事情起步：从内在出发，用心去感受你的生命，而不是立足外部，用脑去理解它。

你必须着手解构自己前半生的活法，这是因为，如果你像绝大多数人一样，那么你所做的、所选择的、你以为是自己的愿景的，其中绝大部分其实都是对别人的效仿，只是达到目的的手段，而这个目的始终是"与人建立联结"。

你必须作出决定，"与自己的内在真相活得一致"就是你的最高优先级，为了这个，你可以、也必须去冒一切风险。你必须做出决定，是否愿意与自己的灵魂在山顶相见，以及你愿意爬到多高，你对这项功课有多重视，决心有多大——因为这正是功课的一部分。

你必须对确定性说再见。

比方说，五年计划、按时到账的薪水、很容易就能跟别人解释清楚的职业。

那些让人觉得没那么害怕，却也感受不到多少生命活力的事。

你必须勾勒出未来的人生愿景。你需要很有野心，因为如果想要实现愿景，就要坚持到底。在描绘愿景的过程中，如果你发现自己产生了"向别人证明自己有价值"的念头，比如向某个可能想与你共事的人，哪怕与这个念头挂钩的图景只有一小片，也要把它抹掉。你的价值是你自己的，可以分享，也可以让全世界看到——别再跟自己玩什么心理游戏了。

你必须成为一个终身学习者。

你必须学习生意，即便你是个艺术家。

你必须学习艺术，即便你是个生意人。

你必须做出决策：在哪儿创建自己的平台，如何组建自己的社群，在哪里露面最有影响力，该采用什么样的露面方式。你必须想清楚那个即将成为你的生活的生态系统是什么样子，你该用什么方式来创造和分享，用什么方式让自己的作品像涟漪一样扩散出去，融入广袤无垠的空间。

你必须从当前所在的地方开始。

你必须有谦卑之心。

你必须停止敲门，去修建自己的门廊吧。

你必须做测试，然后调整。

你想出的第一个方法不会是最后一个。

你必须愿意做迭代，而且次数比你预想的要多。你必须愿意叫停，不是因为某个方法行不通，而是因为另一个方法会更好。

你必须重新描绘你的自我形象。

你必须成为一个能通过热爱之事谋生的人，而不是抱着"试试看"的心态、不知道自己能不能勉强糊口的业余爱好者。

你必须停下，别再寻求他人的准许。

你必须停下，别再认为某一个人对你的看法就能代表你的全部。

你必须行动起来——一次，一次，再一次。

你必须创作起来——一次，一次，再一次。

然后，你必须留心观察，看看有哪些东西到来了，哪些东西留下了。

留心观察哪些做法行得通。

耐心等待，看看哪些事情毫不费力。

不断向前走，直到走到这个位置：你付出最少的力气，却收获了丰厚的回报。然后，继续向前走。

继续向前走。

你必须做一些别人不愿意做的事。

你必须习惯不稳定的收入、信用卡账单、别人的差评，或是显得有点傻，别再害怕这些。也别再装酷，装作自己一点都不在乎。

你必须要在乎。

你必须要坚定地相信自己的愿景，直到其他人也开始相信。

你必须要先为自己高举起火炬。

你必须要知道，我们不可能在某一天自动自发地找到追寻热爱的勇气。我们会感受到一阵冲动，一种预感，心中升起一个小小的渴望，想要朝着梦想的方向迈出一步。然后我们不断向前走，哪怕面临猜疑。然后，我们带着自由开放的心，带着坚定的承诺去大胆追寻，酣畅淋漓，无所顾忌。

你寻找的自信不会到来，直到你迈出第一步。

它不会源自头脑中的推演，不会源自和他人的比较，不会源自"我有多么重要"的妄念。

它源自一个简单却高尚的信念：我想要活出内外一致的人生，我想要创作出自己珍视、也引得他人珍视的作品，为了这些，我甘冒一切风险。

仅此而已。

这就是我们的故事，每一个人的故事。

你不需要先找到自信，才能去追寻心中热爱。

你只需要愿意开始。

之后，你也需要愿意停止。

过度修改会让人走向创意的反面。

过度工作不是雄心壮志，而是逃避机制。

没人告诉你的是，激情与执迷犹如纤薄剃刀的两面，每一天，你都走在一道极细的分界线上。

没人告诉你的是，从事心中热爱会让你对自己的作品变得更加敏感——以一种你向来有点反感的方式。来自他人的不赞同是锋利的伤害，能令灵魂抽痛，这是因为你在乎——就算你很不愿意承认自己在乎。你之所以在乎，是因为这件事比工作重要得多。你之所以在乎，是因为它不只是达到目标的手段。

它们是你最脆弱的部分啊。

它们是真正的你。

没人告诉你的是，从事心中热爱几乎总是意味着，你要做一大堆其他的事来支付账单，这样你才能有时间和空间去自由自在地、无所顾忌地创作，分毫不差地成为你想成为的人。

没人告诉你的是，关于从事心中热爱，阻挡住大多数人的是"不确定性"，而不是缺少天赋。

没人告诉你的是，坚持不懈比天赋更重要。

没人告诉你的是，当你把这两者结合起来，也就是一有机会，就去做对你来说毫不费力的事，你就会所向披靡。

没人告诉你的是，安全感是一种幻觉，而绝大多数人都认为这种幻觉是真的。世上没有所谓安全的工作、安全的道路、安全的选择，如果真有的话，追求梦想、拥有多种形式的收入，恐怕算得上"更安全"的做法。在学校里可没人教你这个。

没人告诉你的是，关于从事心中热爱，你必须知道去哪里寻找源源不断的创意，因为绝大多数人的起点是自己最深的痛苦，而终点就是将自己耗尽。

没人告诉你的是，你必须锻炼自己的"创意肌肉"，直到你可以一边创作，一边保持相对的抽离。

没人告诉你的是，伤人的正是执着心。也就是你对事情应该是什么样、将会是什么样、应该发生在什么时候的期待。

说到这一切未知，一切脆弱，一切你盯着道路、不知道前方会怎样的日子，没人告诉你的是，这一切都是值得的。

每一点一滴都是值得的。

放下虚幻的安全感，换来真切的现实：用你想要的方式生活，起码收回一部分自己的人生，起码你无畏地追求过，大胆地尝试过。这是值得的。

只要你尝试过，就已经超过了绝大多数人。

没人知道接下来会怎样。

没人告诉你的是，通过从事心中热爱赚到钱，这不是背叛梦想，而是让灵魂支持自己，为自己提供燃料。这说明你接受了这个观点：人人都需要收入来生活下去，如果能通过热爱之事得到收益，那多好啊。

没人告诉你的是，虽然从事心中所爱并非大众所为，但你也不是彻头彻尾的异类，追寻相同道路的人比你想象得多。你不是独自一人，从来都不是。你不是独角兽。与其任由小我因此而受伤，还不如敞开心怀接受事实。去和你的同道中人建立联络吧。

没人告诉你的是，最难的其实是想清楚如何安排每天的时间，因为现在全凭你做主了。

这需要自律。

这需要愿景。

这需要承诺。

这需要自己给自己制订一连串规则。

最起初，这很难。渐渐地你就会越来越从容自如了。

没人告诉你的是，这不是一条容易走的路，并不意味着从今以后尽是坦途。你依然会遇到困难，遇到挣扎。只不过你所做的事，令所有的困难和挣扎都值得。

— 第 *13* 篇 —

如果你就待在突破的边缘，
却不敢大胆跃出那一步

你确信自己要走到一个地方。而世上也确实有一条道路通向那里，虽然你现在还不知道那条路位于何处。

有时候，把道路规划得过于刻意，反而会限制我们。有些关于未来的你的可能性，是现在的你不可能预想到的。头脑能调用的一切都来自已知，如果你正在试着在那之外构建人生，那么你就必须让自己向这种可能性敞开：通向前方的道路不但存在，而且它很可能会把你带到一个比预想的目的地更好的地方。

有时候，我们不知道，是因为我们不能知道。如果我们预先知道了，就会干扰事情的发展进程。如果我们预先知道了，就会妨碍我们学习今天的必修课。

这些必修课？它们不是必须偿还的债务，也不是害得人动弹不得的泥淖。它们是构成人格的基石，而这个人敞开了心扉，正准备飞跃到人生的更高层次。眼下为你准备的这一切，其中蕴含着解锁下一阶段所需的智慧和成长。

我希望你不再担忧下一步该如何走，你只需回忆一下自己以前是怎么做的：每一次你害怕自己永远做不到，但最后做到了的时刻。你会想起，你根本想象不到，究竟是什么引领你得到了生命中最美好的东西，我希望这能给你勇气和力量，让你的心向着奇迹、向着神秘、向着浩瀚无垠的未知敞开——每一件美好又重要的事物，都从其中诞生。

我希望你能大胆地突破自己，为了重要的事情，失败也无妨；我希望你能允许自己领略刻骨铭心的爱，即便这意味着有朝一日你可能会失去它。

止步不前没有任何价值可言，除了一个只活出一半的人生，你什么也得不到。如果你向前走了，那么，即便你觉得自己没有任何长处，你也可以说自己有勇气，你可以说，起码你尝试过了。即便你始终没有抵达目的地，起码你给世界留下了坚韧的品质，你没有允许恐惧阻拦你去做天生该做的事，去拥有你注定要拥有的人生。

如果你搞砸了，那就搞砸了呗。如果你的心碎成了千万片，那就碎了呗。如果你说错了话，那就说错了呗。

人的一生短暂而美好，请别再把任何一个瞬间浪费在令你动弹不得的恐惧上——你害怕没能把每一件事都做到完美无缺。出于这种恐惧，你不敢去做任何一件有意义的事。

事实真相是，深深怀有这种恐惧的人，往往正是最有料的人。他们能贡献出的才华最多，也有着最诚挚的心愿。

我们来世上一遭，不是为了毫发无伤、原封不动地走向死亡，一如刚刚诞生时一样。

世界需要更多像你一样、能勇敢地投身生活的人。

如果你知道自己一辈子都没有尝试过，你会安心吗？

或许，现在你能为自己做的最体贴的事，就是对自己诚实。

相信你自己。

相信你的情绪是合理的，或许它们正在努力地把你带向一个你从没去过的地方。

或许，现在你能为自己做的最体贴的事，就是做完整的自己，即便你害怕自己不被接纳。或许你能为自己做的最体贴的事就是尽可能地向自己的灵魂敞开，即便不是每个人都能理解你。

或许你能为自己做的最体贴的事，就是别再抹掉每一个想把你带出舒适区的情绪，你要知道，或许这些冲动是有来处的，或许它们有着重要的意图。

或许你会成为榜样，别人因为看到你，也敢于去做真实的自己，也知道了人生有可能去追求更多，得到更多。或许你会成为别人的导师，成为当年你自己不曾拥有的指路人。

或许，说到最后，你能为自己做的最体贴的事，就是知道阻拦我们的最大障碍，莫过于那些未曾说出的重要的话，未曾感知的深刻直觉，未曾响应的内心召唤。

你的人生正在朝你伸出双手，或许你能做的最体贴的事，就是也伸出手去，握住它们。

随着时间过去，你会渐渐看出这个过程的神奇。你会渐渐明白，为什么事情必须要精准地按照这种方式发展。你会意识到，如果你不曾拥有这些经历，就会错过一些必不可少的功课、工具和智慧，而正是这些东西把你塑造成了今天的样子——这个人会带着你继续前行。

当你回首往事，你会明白每一项安排的背后都有意图，而我可以告诉你，有朝一日，你也会明白你现在经历的这一切有何用意。你只需继续前行，有朝一日，你会回过头来看看今天这段时光，然后发现，你一直都刚好处在该在的位置。

第 14 篇

高情商的人如何解读 17 种负面情绪

在令人不舒服的情绪中，潜藏着宝贵的智慧。每当我们感受到嫉妒、气愤、后悔、憎恨他人、憎恨自己、评判、思想封闭、绝望的时候，实际上我们也在面对着升级心智和改变人生的机会。

这些情绪不是惩罚，而是改变的讯号。为了把我们渴盼的人生体验显化成真，这些改变需要发生。以下就是 17 个最重要的情绪解读。

"我对他人的嫉妒反映出我自己内心的渴望。"

嫉妒是一种能够揭示真相的情绪。它用气愤或挫折感伪装自己，但实际上，它是一种被深深埋藏起来的渴望。

我们对他人的嫉妒，其实是一个提醒的线索，帮助我们更清楚地看见我们想要为自己创造什么。我们想说的其实并不是"他们不配得到那个"，而是"我希望我自己也配得到那个"。嫉妒揭示出我们对自己的抑制。

当你看到某个人积极地（或是看上去毫不费力地）准许自己去追求某样东西，你下意识的反应会是这样：你把自己心中的匮乏感投射到那个人身上。你在心里说："我都不能这么做，凭啥他们可以？"

不要任由嫉妒把你变成心胸狭隘的小人，相反，你可以借机想明白这一点：在你嫉妒别人有而你没有的那件东西里隐藏着一个真相。这个真相说的是，你应该去努力得到它，而不是去批判别人为何能拥有它。

"我的情绪是信使，但我用不着对每一个都采取行动。"

关于情绪，有一点很有意思：当我们认可它们的时候（这也是释放它们的唯一方法），好像往往会把它们变得更加真实。

我们感受到的情绪不一定都能如实地反映出事物真正的模样。你多半有过这种经历吧：你以为某人就是你命中注定的"那个人"，但实际上并不是；或者，你以为自己不够好，但实际上你已经很出色了。类似的例子不胜枚举。

我们可以不对情绪做出下意识的反应，而是观察它们，质疑它们。这种感受对我有帮助吗？它符合事实吗？它来自清晰的洞察，还是尚未痊愈的伤口？

追溯它的源头，然后把其中正等待着你的功课提取出来。当你的内在出现了一个更明智、更准确、让你感到更轻松自在的声音时，你就会知道，你成功地学到了该学的功课。

"对昨日的懊悔告诉我，我今天需要做什么。"

告诉你一个暗黑的小秘密：在你过往的人生经历中，有成千上万件令你懊悔的事，只是你没意识到而已。它们之所以留在头脑深处，是因为它们对你的现在或未来没有任何帮助。

你能够主动想起并不断感到懊悔的事，实际上是在告诉你，重点不是"当初我要是这么做就好了"，而是"以后我想要和需要创造出什么"。

与其纠结过去，不断琢磨"我当初应该如何做"，不如另想个办法，让自己现在（或未来）可以拥有这个体验。对于生命中重要的事，从来都不会只有一次机会。

只有一次机会的，是某个具体的做法，但说到底，条条大路通罗马，你需要做的选择就是，不要因为一条路走不通而终止整个旅程。

"我看待自己的眼光，多半比世上所有人都消极负面。"

别人对你最毒舌的评判，都比不上你对自己的。他们看到的是片花，你看到的可是全部幕后花絮。

没有人能像你一样，知道你身上发生的所有事，所以他们看待你的眼光绝不可能像你看待自己那样负面。况且，绝大多数人会用积极的眼光看待他人，至少也是中性的吧，直到遇到某个理由，他们才会改变看法。这意味着，绝大多数人要么认为你挺不错（以一种事不关己的态度），要么完全不喜欢你。

所有这些苛刻的、无休无止的自我评判，只不过是你自己对自己的评判而已。没人会坐在那儿琢磨你五年前干过的傻事，或是在算计你目前取得了（或没取得）多少成就。他们正坐在那儿琢磨自己呢。

"别人对我的表现的评价，很可能比我对自己的评价要好。"

同样，别人更有可能看到的是你的成就和贡献，而你更多关注的是自己的短处和失败。

这一点能帮你认识到，你无需向别人证明任何事，成功是不证自明的。

和别人接触的时候，如果你的预设是他们至少会用相对积极的眼光看待你，那么你和他们打交道的方式就会改变。你的行为不再出于防御，你可以与他们建立联结，因为你知道他们多半认为你是有价值的（因为你确实是有价值的）。

"如果我今天只完成了一件事，那也足够了。"

你希望自己能一直高产，不是因为世界告诉你要这么做，而是因为你害怕自己做得不够。你害怕失败，害怕不稳定，害怕落在人后。

这个世界确实给我们灌输了一种文化（以及社会结构），令这些恐惧更为普遍，但重要的是，在这里我们不去归因，而是要把改变的责任承担起来。

如果始终不面对"自我怀疑"这个吓人的情绪，我们就会不停地鞭策自己过度工作（以及过度补偿），一直到死。

我们可以用更加现实的态度来看待生产力，从而改变原先的观念。有些日子，你能把事情全部做完。有些日子，你需要休息。有些日子，只把清单上的一项干完、勾掉，就足以令人自豪啦。

与其尽量减少心中的内疚——就像叛逆分子会认为世界故意跟自己过不去——不如把它视作一个重新校准心态的机会，让自己更加理性地看待事情。步子小一点，但每天坚持不懈，你会离稳定和成功越来越近。

你不必为了得到安全感而把事情全部做完。

"我允许自己表达和处理深刻的情绪。"

在有些日子里，生活会将你击倒。问题在于，我们没有去接纳排山倒海的情绪，而是抗拒它们的存在，于是，我们的心就像被堵塞了一样，令我们时常处于紧张状态和崩溃边缘。

解决办法就是改变我们在当下对待情绪的方式。对待情绪并不意味着你落在人后，并不意味着你没本事，并不意味着你改变了主意，并不意味着你在自我破坏。它只意味着，你在处理情绪——而这是件好事。

当我们不允许自己拥有这些非常脆弱、非常人性化的时刻，我们仿佛变成了神经过敏的机器人，不断想要掌控自己和周围人的生活，因为我们害怕任何一个触发事件都有可能引发雪崩。

我们需要允许自己躺下，大声哭泣，发泄情绪，在低潮到来时接纳它，因为我们知道天肯定会再次亮起来。通过这些方式，我们的情绪状态会变得更加健康。

"我的自我形象，由我定义。"

你有权利自行描绘出你的形象，而不是把别人告诉你的模样拼凑起来。后者是你小时候建立自尊的做法，但身为成年人，你需要找到更成熟的办法。

不要被动地接受"你是他人对你的看法的总和"，相反，你完全有权利基于对自己的坦诚了解，创造出一幅更准确的自我画像。一个真正健康的自我形象是好坏兼具的（因为每个人都如此），而且不会被你想象出来的、他人对你的看法所影响。

"在我的人生中，成功的标准由我制定。"

你对成功的概念是这样建立起来的：你观察身边的人，从他们那里获得细微的线索；你也会听取他们的说法，比如人生中哪些是可以接受的，哪些不行。你围绕着一个终极的愿景，建立你对成功的理解。这个愿景就是，哪些东西能让你最招人爱。

一切都很合理，直到你意识到，这根本就是徒劳无功。到最后，你爬上了那座山的顶峰，却发现虽然你实现了别人的心愿，可自己的内心却空空荡荡。这里不是你要去的地方，可是，我们每个人通常都要先抵达这里，然后才知道该如何重新选择方向。

你有权利用自己的标准给成功下定义。你有权利决定，在你的人生中，什么是足够，什么不是。

有个办法可以帮你更容易地做到这一点：不再替别人决定成功是什么，或不是什么。祝愿他们好好走上自己的人生旅程，因为精彩人生的模样是因人而异的。

"我的人生使命很可能不是我的工作，两者不一定非得重合。"

工作为你付账。使命为你的人生赋予意义。没有人一辈子只有一个使命。我们的使命有可能发生改变，今天的与昨天的可能不一样，这一个小时的和上一个小时的可能不一样。使命有可能体现在情感关系中，或是我们的存在状态里，也有可能体现在我们这一阵子做的工作里，然后又出现在过后的另一份工作中。

我们的使命就是**好好活着**。

其他一切也很重要，但是，如果你过于相信这个观念，即你必须要在某个职业领域中找到自己的神圣使命，那你就严重地局限了自己，也严重地局限了你对意义二字的理解。同时，你也把自己的价值附着在一些暂时存在的事物上，而你的使命其实是对自身天性的无限表达。

与其竭力想搞明白今后余生自己该做什么，还不如去想清楚下一步该怎么走——因为这很可能就是前行的路。

"别人不必遵照我对他们的期望生活。"

憎恨往往是从"未被满足的（以及不合理的）期望"中滋生出来的。没有一个人理当遵照我们设想出来的样子生活，去做我们认为该做或不该做的事，就像我们无须遵照他们的期望生活一样。

此时，就是界限上场的时候了。我们不能控制别人成为什么样的人，做什么样的事，但我们能够控制自己与他们的互动，而且我们必须这样做。这是因为，当我们假定一个人应该遵照我们的期待生活，我们就给他施加了限制，到头来，我们会把自己弄得满心挫败和憎恨。

我们要么接受别人在当下的样子，要么限制他们出现在我们生活中。

"一旦我从往日的经历中学到了功课，就可以放手了。"

你不必一直反思过往。你不必一遍遍地回想往事的细节。你不必一直担心再次被打个措手不及。

我们之所以不能放下往事，往往是因为我们感到放手还不安全。我们会觉得，要是不够高度警觉的话，威胁就会随时出现，再次吓到我们。

无法放下的往事中往往蕴含着有待学习的功课。一旦我们从错误中学到了经验，每天带着这些智慧生活，我们就自由了，终于可以放开双手。如果我们还没学到功课，就把老师放走，这会让人没有安全感。

"现在，我的任务就是把面前的资源充分运用好。"

与其不停地琢磨你应该去哪儿、不该去哪儿，谁得到的比你多、谁又比你少，或者你是否达到了亲朋好友或从前的自己的要求，还不如认真想想我们每个人真正要完成的唯一任务。这个任务很简单，就是把面前的资源充分运用好。仅此而已。

充分运用今天。充分运用手中的机会。充分运用现有的人脉关系。充分运用自己的能力和潜质——就在此时，就在当下。

"充分运用"指的不是"尽善尽美"。它的意思是，不要只是被动地承受发生在自己身上的事，而是每时每刻都主动站出来，好好利用手中拥有的东西，不再抱怨自己没有的。

"反复出现的对别人的评判，往往反映出我自己心中的障碍。"

别人身上你看不惯的东西，在很大程度上揭示出你自己的心理状态。

最重要的是，眼下你面临的关系问题，往往指向你内在的情绪障碍，正是这些障碍在阻拦你走向渴盼的生活——这就是为什么它们会出现在你的意识中。

如果你不认可他人取得的成绩，你也无法认可自己取得的成绩。如果你贬低他人的成功，你也会抗拒自己的成功。如果你认为一个人身上最糟糕的特质足以概括他的全部，那么你也会这样看待自己。

而且你总是能发现，你最想评判别人、小看别人的时刻，正是你自己感到相当渺小的时刻。

停止投射，去寻找更深刻的智慧。先疗愈你与自身的关系，然后其他一切都会自动归位。

"对于不能控制的事，我无需感到内疚。"

对于那些你无法改变的事，再紧抓着不放已经没有意义。你无需为了内疚而内疚。内疚之情不会让你变得更优秀，只会让你变得更苦情，而这不可避免地会让你做出一些不那么令人钦佩的行为。

与其竭力强迫自己做得更好，不如去深入地理解当初自己为何要那么做，是哪些盲点导致自己走到那一步。

更加透彻地理解行为的根源，不仅能确保行为朝着好的方向改变，还会让你的内心更加安宁，因为你信任的是自己的智慧，而非冲动。

"我比我以为的更有力量。"

当你意识到，你的言语、行动和信念不仅会深深影响到你自己的现实，也会影响到身边人的现实，你开始更加认真地看待自己。

你开始意识到，你确实有力量改变人生，创造出自己渴望的事物，体验另一种现实。

你不再去勉力撼动那些不可撼动的，改变那些不能改变的。你发现，面前能掌控的事情还有很多，而且随着时间的推移，你能改变的事物会越来越多。

"我最向往的未来已经存在。"

当你闭上眼睛，想象未来的自己或未来的生活，那种情景是如此美妙，如此对路，如此令人振奋，如此充满希望——你需要知道的是，它已经存在。

那个情景里的主角就是你。那种生活就是属于你的。

你要走的旅程，就是从"在脑海中看见"，到"在现实中看见"。这段旅程包括放下执着心、改变行为、改变信念系统，以及慢慢来，但每天都采取行动，直到你走到路的那一头。

你最深切的渴望，注定是属于你的。

那个真相之所以深深地吸引你，是有原因的。

那种生活注定属于你，一直都是。你正在接近它了。令它彻底成真的第一步，就是知晓它已经存在。

它是你的了。

— 第 *15* 篇 —

从这里开始，收回你的力量

无论你已经完成了多少内在功课，无论你已经变得多么有韧性，无论你多么坚定地相信自己的计划经得起时间考验，生活还是会偶尔提醒你，你并不完全是自己的主宰。

你与其他数十亿个创造者共同存在。

我们的世界有时融合，有时冲突，有时候还会坍塌。

当你感觉失去了内在的力量，它其实并没有真的消失，只是被一个信念给掩埋了。这个信念就是，你以为在你身外存在某种东西，可以把你未来的人生限制住。还有个想法会暂时掏空你的力量：你认为，无论扰乱你生活的是什么，都会把你的道路永远堵死。

当你感觉失去了内在的力量，是因为某些事情发生了，夺走了你心里的确定性。

那些事情让你意识到，你无法每次都能预测出接下来会发生什么。它强迫你接受一个事实：你依然只是个凡人。你开始怀疑，生活中有些因素无法预料，也没有合理的解释。

如果你失去了力量，是因为你在抗拒这个事实。

你用高度的警觉，替代了接纳。

你花了大量时间反复思量那些事情的细节，你追溯，剖析，琢磨它们的来龙去脉，从前往后，又从后往前，来来回回地检视了一遍又一遍。你认真观察，也发现了模式。你还去做了心理分析。可是，万一这个扰乱你的事情再次发生呢？这个念头彻底压倒了你，你失去了前进的意愿。

你没有意识到的是，你把这些执迷的行为当成了盾牌——虽然这盾牌并不结实。

你认为，只有让这个侵入性的念头在头脑中安家，你才有可能安全。如果允许它没完没了地在思维中盘旋，直到嵌入你的潜意识，融入你的身份，在你的日常行为中表现出来，那么，没准儿——只能说没准儿——你能够做到之前没做到的事情吧，也就是完全躲开那些扰乱你的事。

当然，你没发觉的是，当你把自己的力量托付给某种超出你掌控的事物，你就会令它变得更强大。支撑住精神力量的，是我们的想法，然后是信念、信任，最后是信仰。

我们不能总是信任这个世界。

所以，我们必须找到办法信任自己。

相信自己，不等于相信自己从此再也不会受伤。

相信自己，就是不再认为缩手缩脚会更安全。

相信自己意味着，即便困难重重，无论是什么在阻碍你，无论何种力量在起作用，你依然敢于迈步向前。相信自己意味着，你不再愿意让灵魂卡在对你早已没有益处的情境里。相信自己意味着，你不再允许恐惧支配你的行为、影响你的价值观，不再允许它改变你的视角，阻拦你前进的脚步。

疗愈是终极的脆弱。

这不意味着我们会神奇地抵达目的地，宣称自己是胜利者，而是意味着，我们需要谦卑地生活，带着一颗伤痕累累却依旧开放的心。

疗愈就是接受这一点：生而为人，受伤是不可避免的。

疗愈就是无论怎样，也要继续往前走。

当你做好准备，决定收回自己的力量时，它多半不会来自昂扬振奋的坚定决心。

它来自深深的绝望，犹如战士最后的呐喊。它来自你为了拯救自己而做出的最后努力。

当你面前没有任何可行的选择，你就会知道，到了收回力量的时候了，因为在经历过失去之后，你发现，你拆毁了自身的存在，这样就没有什么东西可以被再次夺走了。

但你不会失去力量。

它不是身外之物。

它永不会失去，它只是被掩藏在一个愿望之下——"我要让真正的自己安全"。

那一部分的你是怎么回事呢？也就是真心想要保护你的那一部分？或许那是你的力量在用另一种方式说话。或许，那并不预示着你抛弃了自己，而是预示着你足够爱自己，所以想要守护自己内心未受沾染的部分，无论它有多么微小。

或许，应该迈出的下一步，就是让自己感激这个事实：我们第一时间就会想要保护自己。或许，认识到自己的力量，就是看到它以全新的形式出现，我们尊重它的存在，然后放下它，去迎接对我们更有帮助的东西。

应该迈出的下一步，就是理解这一点：有时候，我们会成为他人的内在战争的连带伤害，而且，我们没必要拿过他们的武器来还击。

应该迈出的下一步，就是意识到这一点：我们的避风港就在自己心中，而我们的力量不可撼动。它就在那里，憩息着，等待着，直到我们做好准备、可以再次调动它的那一天。

当那一天来临，也就是我们准备好重新开始的那一天，我们会发现，调动自身的力量并不是意志力获胜的结果，而是由于我们愿意让灵魂回归，再次回到我们的生活。

这往往始于允许自己享受一些美好的小事，因为你值得。当你允许自己关爱自己的时候——因为你也值得——力量开始生长。当你允许自己认可自己的成绩，看见自己已经走了多远的时候，你的力量会变得越来越强大。当你发现自己身上存在一些无法忍受的部分，要知道，你每发现一处，就有成百上千个远比它美好、远比它有价值、远比它值得赞美和关爱的部分与之同在。

这样的发现，你也值得拥有。

拥有力量，不等于把自己的意志强加在别人身上。

也不等于不断磨去自己的棱角，直至成为最容易被他人接受的版本。

拥有力量，意味着你有勇气去受伤，然后愈合。

意味着你愿意再试一次。

它不意味着从此不会再有坏事发生，而是意味着，我们不会拒绝其余一切好事——即便世上会有坏事发生，好事也依然会继续存在。

第 16 篇

如果你真心想把生活向前推动，别再做这 13 件事

如果你已经准备好，要把生活向前推动，先从静下来开始。

当你感觉被卡住了，通常不是因为缺乏动力或意志力，而是因为你的行为与自己的需求、渴望和策略不匹配。

这不是因为你不努力，而是因为你太执着于不适合你的事物。

如果你希望在明年的这个时候，你的生活能彻底改观，那你必须诚实地面对自己。你不能再拿忙碌当借口，不能把它当成分散注意力的手段。你需要重视质量，而不是数量；你需要做一些灵魂探索的功课；你需要学着重新安排事情的优先级，哪些事情能让未来的你感谢今天的你，就先做哪些。

以下就是为了让生活重回正轨，你能做出的 13 个最强有力的改变。

01 ｜别再等待万事俱备。

我明白，你的生活好似陷入了无限期的停滞。

如果你想等一切条件都齐备了，才敢迈出一大步，或是开始创业、积累实力、做出重大改变、搬家、换赛道、踏上内在探索的旅程、出门旅行、开始投资、寻找宁静、培养感恩之心、享受已经拥有的事物、开启新的冒险……那么你会永远等下去。

因为"万事俱备"是不可能的。

确实，有些时期会比另一些时期更合适，时机本身确实很重要，但毕竟这些都不在你掌控之中。

你不能永远处在等待状态里——等待某些外部因素先发生改变，然后你才得到许可，可以去改变内在了。

你必须现在就开始。你必须适应当前的状况。你必须运用现有的资源，去做能做的事。

就算有些条件还不够理想，如果你下意识地寻找借口，好让自己打安全牌，那你肯定找得到。你永远也不会在某天清早醒来，发现自己彻底准备好了，彻底无所畏惧，不带一丝犹疑。这种事永不会发生。

到达那种状态，靠的是先开始，然后持续做。不管有多少"不应该"、"做不到"，或"不想做"。

别再等待万事俱备。

相反，去主动创造条件。

02 ｜别再混淆"最多成果"与"最大潜力"。

最大潜力，指的不是每天做到人类所能做到的最多的事。它不是竭力把每一分每一秒都"时尽其用"，用上各种各样的时间管理和日程规划方法，把自己变成一个完美高效的机器人。

你是一个有血有肉的人呀。

你的最大潜力，就是创造出一个对你来说最宁静平和、最有意义的人生。它的真谛是做得更少，但更好。

充分利用每一刻，指的不是逼迫自己没完没了地做事，无时无刻地产出，直到成为一个筋疲力尽版的"理想自我"为止。

发挥出最大的潜力，指的是创造出这样的日常生活：你活得最像自己，你的行为、承诺和决定都反映出自己的价值观，而且未来的你会感谢今天的你这样做了。

03 | 别再拿效率最高的时段做你不重视的事。

我们都得付账单、做晚饭、擦桌子。

永远会有一些你不想做但为了生存又不得不做的事。

重点不在于你有没有可能完全不做这些事，而在于让它们不再占用你效率最高的时段。

效率最高的时段，指的是你每天头脑最清晰、精力最充沛、最能解决问题、获得启发、做创造性工作的时段。对绝大多数人来说，这个时段就是清晨和上午。

不要把最充沛的精力浪费在消耗你的事情上。

用它来做对未来最有益的事。

别再一醒来就刷手机、看新闻，或是匆匆忙忙地梳洗穿衣，赶着按时上班。试着把日程调整一下，让自己早点儿起床，有时间慢慢地享受一杯咖啡、做冥想、写日记，或是练习写作、做商业规划，甚至是花时间和你爱的人在一起。

你每天如何运用精力，决定了你未来能收获什么。

明智地运用它吧。

04 ｜别再只用他人的眼光看待自己的生活。

我们天生就认为，被他人接受意味着生存和安全。想要彻底"不在乎别人的想法"是不可能的。这不等于说你内心不够强大，只说明没有谁的"出厂设置"可以做到这样。

所以，与其努力说服自己不要在意别人的看法（说实话，有些人的看法是应该在意的），不如努力避免"只用他人的眼光看待自己"。

绝大多数人不会用自己的眼睛看待人生，他们会臆测其他人的看法，在此基础上形成自己的观点。所谓"其他人"，其实只是少数那几个，因为赢得那几个人的接纳或认可是最重要的事。

别再把自己的想法投射到别人身上，也别再臆测别人的看法，相反，学着参考它们，然后，也要参考你自己的看法。

你对这件事怎么看？

如果你身边一个人也没有，或者没人会了解你的生活，你会如何生活？

关键在于，要活出真实的自己，而不是强迫自己活成别人想要的样子。

05 ｜别再相信时机就是一切。

你应当臣服于时机，而不是允许它掌控你。

如果你现在不开始，就会把未来几年的好时光置于悬而未决的险境。任何一件重大的、冒险的事，从来都没有所谓"正确的时机"。我们总能找到拖延的理由。面对未知的时候，我们总会感到不舒服。我们总会面对截然相反的意见，以及可替代的选择。

到头来，你还是得决定哪些事情对你更重要，然后不得不做出承诺——无论形势发生怎样的变化，就算困难重重也要坚持走下去。

不存在完美的时机，存在的只有时间，以及我们要拿分配到手的时间来做什么。

与其等待完美时机到来再采取行动，不如把你每天拥有的时间看作银行账户里的钱，到了一天结束的时候，这笔钱就会自动清空。

你要是不用，它就白白损失了。

06 ｜别再频繁换方向。

你不可能一边不停地改计划、改策略、改目标，一边还期待取得漂亮的成果。

对于一件新事情，如果你只做了两三天，那就不可能看到任何显著的进步。

对于一个商业计划，如果你不能至少坚持执行一到两年（这是最少的了），那就不会看到任何实在的结果。

有时候，我们改换方向是为了重归正轨。更多情况下，是因为我们害怕真正开始。

在选择方向时，请对自己诚实。

你真的有必要不停地改换方向吗？还是说，你在抗拒真正需要完成的工作？也就是用好手中现有的资源，在当前所在的地方扎根，接纳真实的自己，并且允许自己尽情绽放？

07 ｜ 别再认为自己格外与众不同。

每个人都有独特的天赋、才华、视角、表达爱的方式，每个人的存在都独一无二，无可替代。从这些角度来说，每一个人都是特别的。

但我们依然是人。

当你认为，你要孤单地面对这一切，在这个世界上只有你一个人需要经营婚姻、抚养不听话的孩子、创立新企业、管理充满变数的账户、熬过世界级的危机，那你就是在给自己帮倒忙。

认为自己格外与众不同，是在给自己设置障碍，因为这种想法令你相信，你正在做的事非常小众，所以它是不安全的，或者是错误的。

是的，你的选择或境遇可能与"正常情况"大不相同，可是，究竟怎样才算"正常情况"？它不过是你一生中总要接触到的环境、同龄人、家庭、宗教、政府、媒体等因素的加和。

不管你正在做什么，多半已经有上百万人尝试过，做成了，或者正在做。

你是特别的，但你不是*孤身一人*。

08 ｜别盯着短期利益。

即时满足充满了诱惑，却没什么益处。

你需要想得长远。

不要只想如何度过明天，也要考虑，为了去到退休时想去的地方，职业生涯的下一步最好该怎么走。不要只想着如何神奇地发现一只狂涨的股票，一夜暴富，而是要思考如何持续地投资多元化的投资组合，并允许它随着时间慢慢地积累财富，即便你起步的投资额度很小。

重要的不只是哪些事情让你现在感觉很好，也包括哪些事情能让未来的你感谢现在的你。

款待自己、享受生活固然重要，但它需要与原则、价值观和前瞻思维相平衡。

否则，你就会一直在原地扑腾，同时还疑惑为什么自己还没有游到对岸。

09 ｜别再以为自己什么都懂。

这种想法不会像你认为的那样，为你增加自信。

更常见的是，它令你感到绝望和挫败，因为当挑战来临的时候，你以为你知道唯一的解决办法、唯一的答案、唯一可行的结果。

让生活给你惊喜。

让专业人士帮助你。

让比你智慧的人给你指路。

与其认为自己知道唯一的出路，不如认真考虑一下，或许你并不清楚自己想从伴侣那里得到什么，所以，请对各式各样的人保持开放心态；考虑一下，或许你并不知道哪种工作适合你，请对试验和探索保持开放心态。允许自己接受这个观点：就在你触手可及的地方，存在着许许多多不可思议的事，但你并没有意识到，因为从来没人教过你。

就算你知道不少答案，但你不知道全部。

没人知道全部。

人生会不断地铺展开来。

允许你之前没选过的事出现在生活中。

你会因此变得更好。

10 ｜别再低估内在功课的力量。

向前走的真谛就是，当下的"静"比什么都重要。

你能和自己相处吗？

你能活在当下吗？

你能允许自己消化不断浮现出来的情绪吗？

你能向自己提出犀利的问题，从而获得重要的答案吗？

你愿意改变想法吗？

你愿意改变人生吗？

生活中有很多部分确实不在你掌控之中，但在你掌控之中的，往往反映出真实的你。

当你许下承诺，想要修习关于自身的功课，这份心愿会像光芒一样散播出去，触碰到你身边所有的人，所有的事。所以，请许下成长的承诺，许下越变越好的承诺。做好准备，让心的空间不断扩大，超越目前的边界。

有那么多东西在等待着你，但你需要先敞开自己，去迎接它们。

11 ｜别再小觑自己的梦想。

如果机遇垂青勇敢，那它也会喜欢大胆。

除了要有一个清晰坚定的愿景，知道自己接下来想在生活中创造什么，你还需要野心。你需要跳出当前视角的局限去思考。你需要胆量。

这不止是因为高目标必然会提升期望值，还因为大胆常常能让你知晓自己真正的能力有多强—尽管你很可能还不相信。

如果你愿意相信，某件事或许是有可能的，那它已经是了。

你愿意考虑它，意味着它已经在可能的范围之内。问题只在于你要先意识到，然后采取行动。

12 ｜ 别再逃避不适感。

不适感预示着改变需要发生。

不适感就像愤怒、哀伤和嫉妒一样，都是健康的人类情绪，是来告诉我们一些事的。不健康的不是情绪本身，而是当它浮现出来的时候，我们不知道如何应对。

愤怒是对不公平或界限被侵犯的健康反应。哀伤是对失去的健康反应。嫉妒是对看到别人追求你抗拒的东西的健康反应。同样，不适感，是对"知道是时候做出改变"的健康反应。这种感受不是来惩罚你的，它是来帮助你的。

然而，绝大多数人都没办法和它共处足够长时间，好让它说出要说的话，更别提采取下一步行动了：我们往往需要暂时忍受更多不适，才能找到解决办法。

绝大多数人都不愿意面对或体会不适感。

这就是为什么他们的生活止步不前。

13 ｜ 别再认为做错选择是最糟的结果。

尽管许多人想要、也需要做出改变，但还是抗拒它，原因在于，他们认为自己有可能"走错路"。这个想法背后的逻辑是，他们现在拥有的就挺好的，或者说足够好了，而迈出一步之后，有可能会完全偏离正途，结果就是，在努力追求更好的过程中，毁掉了原本就挺好的东西。

这逻辑是错的。

人生中，极少有选择是今后无法弥补的，至少我们总能做出调整。世界不会因为我们选了这个、没选那个而惩罚我们，但我们会出于恐惧和对最简单、最没挑战的道路的渴望而惩罚自己。

我明白，看上去，最糟糕的结果是你有可能做出错误的选择，但真正最糟的结果是你从来没有真正活过，从来没有感受过存在的深度与美好，从来没有追寻过自己的梦想，从来没有体验过成就感，从来没有找到人生的意义……而这一切都是因为你太害怕自己做错。

走错路并不是最糟的事。

不肯往前走才是。

— 第 *17* 篇 —

在你不敢感受的情绪中，
隐藏着灵魂想要接收的智慧

表面看来，情绪好像总是在逼迫我们做出反应。

我们认为，一旦深深地感受到某种情绪，就应该立即做出反应，而且感受越深，这份情绪就越是真实。我们似乎仍旧在最基础的直觉层面上运作，仿佛某种对匮乏的抽象恐惧化作了迫在眉睫的生存威胁。

这种冲动往往导致我们抗拒情绪。我们怕的不是情绪会永远持续，而是万一允许自己彻底体验它的话，它就会驱使我们做出一些选择，而这些选择将会伴随我们一生。

从某种角度来看，这是明智的。至少在某种程度上，我们明白，应当先对情绪做出评估，然后再做出反应，免得做出令自己后悔的选择。

但是，如果我们之所以被困在原地，也正是因为这个呢？

如果在你所抗拒的情绪中，存在某些智慧的密码，而你的潜意识有了这些密码才能理清现状、想出下一步该怎么走呢？如果你想搞清楚这个情绪意味着什么、你又该对它做点什么，不过是你避免去感受它的借口呢？如果唯有通过充分地处理这些情绪，你的身体才能在潜意识层面吸收所需的关键信息，从而更好地丰富你的人生体验呢？

如果你不去过度思考，不做过度分析，不再竭力搞清楚接下来该做什么，而是在想去感受它的那一刻，坐下来，允许自己去细细体察心中的感受，那会如何？如果你决定，在感受它的时候你不做反应，也不做决策，只是单纯地待在感受中，哪怕只有短短片刻，那会如何？

如果说，过一种有意义的或内外一致的生活并不意味着你从此可以完全避开情绪，因为它们不是惩罚，而是指引——如果你接受了这个观点，那会如何？如果你可以学着信任身体的智慧，允许它接受真诚的反馈，从而做出必要的改变，把你带回属于你的道路，又会如何？

如果，你之所以不停在原地打转，恰恰是因为你在还没把情绪完全处理好之前就采取了行动，因此错失了必需的信息呢？

如果你没做错任何事，是你的生活中有些事情需要调整，而你还没允许自己去感受它，更别提去处理它了。如果是这样呢？

如果，在得到清晰的答案之前，你需要的只是好好休息一番呢？

如果，当你不允许自己去感受情绪，生活因此陷入停滞和卡顿，于是你的情绪导航系统暂时停止了运作；如果，你的思维想要阻止这些情绪充分释放，而恰恰是这种阻止的行为导致了情绪堵塞；如果，你现在不急着要答案，而是允许自己充分地处理体验，直到感觉自己可以再次重启。如果是这样，那会如何？

如果你允许自己待在一个安全的地方来处理情绪，然后允许自己在次日早晨平静地醒来，并且相信那时的自己会知道该怎么做。如果是这样，那会如何？

如果，你不再把一件件事情都按时间线排好，也不再制定最终目标，不再列出有待回答的问题清单，而是彻底臣服于你能聚集起来的全部智慧——要获得这种智慧，唯有允许灵魂去见证你不想感受的那些情绪。如果是这样，那会如何？

下次，当你意识到自己的心依然因愤怒和哀伤而炙痛不已，我希望你只是简单地允许自己感受这些情绪，不强迫自己平静下来。

下次，当你心想"我应该没问题才对啊"，我希望你不要因为羞愧而命令内心那个正在哭喊的声音闭嘴，你注定要得到更多。

当我说"你注定得到更多"的时候，我的意思是，你注定要拥有令你感到满足的、能让你充满活力的情感关系。我的意思是，你注定要被人欣赏，被人看见。我的意思是，你注定会了解自己的本质。我的意思是，在这一生中，你注定要体验到一些东西，而且只有你明白那是什么。无论这个过程是艰难还是容易，是简单还是复杂，是发生在明天还是十年后，当它到来的时候你就会明白，因为它会让你处于一种赞叹和蒙受恩典的状态中。

一个收获更多、更丰盈的人生不是一直向外扩展的，这样的人生，往往是向内探求的。

我希望你认真想一想，或许你也有可能活出这样的人生。

我希望你能慢慢地明白，生活中完全可以没有待解决的问题，没有待爬的山峰。我希望你能意识到，人的存在未必要一直像一口深井，再多的渴望也无法将之填满——因为一旦饥渴止住，我们就不会想要更多。

我希望你能慢慢地学到，不要把精力耗费在抗拒情绪上，而是要运用体验带给你的智慧，去构建一些东西。我希望你能意识到，第一个选择未必就是最后一个，道路绝对不会因为你走错了几步而彻底消失不见。我希望你能意识到，这个世界是允许变通的，你的人生是可以改变的。你来到这世上，不是为了咬牙忍耐别人替你选择的体验，而是要按照自己的意志生活。

我希望你能明白，就算带着问题，也能生活。

你可以感受自己的情绪，同时不让它迫使你把一切燃烧殆尽。

你可以见证它，纯粹地观察它。

你可以允许身体在极深的层次上吸收知识——这个层次远比你自己所能达到的深入得多。

当那种智慧给你的指引在头脑中浮现的时候，我希望你做好了向前迈步的准备。

你的人生正在道路那头等待着你。

— 第 *18* 篇 —

在生活中确实取得进展的 10 个征兆

即便是在此时，此地，你也正在成长。

我明白，要衡量我们是否取得进展，似乎只有一个办法，那就是去看在某个时间节点上，是否实现了既定目标。但在现实世界中，进展二字更多地意味着，我们有没有与自己需要的和想要的更加契合，而不是把"心目中自己的理想形象"的外在画面描绘得多么完美。

这就是为什么，最大的成长机会往往出现在一些最违背直觉的时刻。

以下这几个征兆，表明你正在取得不可思议的进展——就算你并没有感到自己在前进。

01 ｜你失去了某段人际关系。

或许你会回首往事，为每一个失去联系的人感到难过。

或许你会认真琢磨每一段原本有可能建立起来的关系，反思自己当初做得够不够努力。或许你会想起生命中出现的每一个朋友和熟人，后悔那时没有跟他们走得再近一点。或许你会回头盘点自己得到过的一切支持，心想当年为什么要选择走自己的路。

失去关系往往标志着我们正在成为应当成为的人。

我们的朋友圈子原本就不可能一辈子不变。除非这些人能和我们保持完美同步，否则大家总会各走各路。这不一定是坏事，也不是失败的标志。

事实上，为了追求对你而言更真实的东西，愿意放弃舒适的社交感受，这标志着大幅度的、难以置信的成长。

失去关系，并不是因为我们不配拥有它，而是因为我们与它不再匹配。这通常是件好事，标志着我们已经成长，已经改变，而且我们需要和一批新人建立联结，这些人能够理解我们即将成为的样子，而不只是我们曾经的样子。

02 ｜你在怀疑下一步是否正确。

如果你对自己的下一步毫不怀疑，那它肯定不是正确的选择。

我知道这话听上去不对，因为最正确的选择似乎可以扫除一切疑虑，一切恐惧，一切担忧。可是，一个选择越是正确，你就越是容易在潜意识层面、情绪层面，往往还有身体层面产生反应。

你害怕，是因为你在意它。你怀疑，是因为它真的对你很重要。你紧张，是因为它很陌生。

你终于选择了真心渴望的东西，你勇敢地面对着总是阻止你追求它的限制性信念，而且破天荒头一次，你真的开始冒险了。

你不再满足于遵循别人的成功经验。你不再只是被动地随波逐流。你做出了一个选择，而这伴随着不适感，伴随着责任感，而且往往也伴随着恐惧。

太多人不敢跃出这一步，因为他们害怕脚底不稳的感受，但他们也从未学会伸开双翼，也从未到达过任何地方。

03 ｜想到过去的自己，你感到有点尴尬。

当你想到自己曾经的模样，哪怕只是一年前的，你或许都会皱眉头。

这种体验相当正常，也相当普遍，不过你要知道，这并不表明之前的你很糟糕，而是表明你对自己有了更清晰的觉察，你更加清楚自己想成为什么样、不想成为什么样。

你要知道，没有人——现在没有，以前也没有——会像你评判自己一样，那么严苛地评判你。

而且，这是积极蜕变的正常环节。你过去的自我无法再驾驭你今日的生活，所以它必须进化成你今日的模样。

04 ｜你慢下来了。

你不再马不停蹄地疾速前进，而是开始对有意识的、有觉知的决策过程感兴趣。

我们慢下来，是因为我们不再只是逃离错误，而是学着走向正确。

或许你意识到，你需要休息一下。

或许你清楚地看到，你的工作量太大了，不是长久之计。

或许你终于接受了这个事实：你承担了太多东西，已经筋疲力尽了，有些东西必须要放下。

来自身体的讯号告诉你，你承担的事情太多了。当你不再忽视这些讯号，而是慢下来，开始倾听它们许久以来一直想要对你说的话，成长就发生了。

在这份宁静与休憩中，我们往往会找到那些未曾意识到要寻找的答案。

05 ｜你开始更加关心自己的感受，而不是他人的看法。

你不再满足于那种安抚了所有人但唯独自己不满意的生活。

有时候，这种感觉会以愤怒或攻击的形式表现出来。你发觉自己真的受够了人们的评判和缺点，你简直想痛骂他们一顿，或者干脆跟他们绝交，这样就可以卸下一部分重压了。

此时，你需要设立界限，最首要的就是先从你自己开始。

第一步，就是你要为你自己的人生做决定，而不是你父母的人生、朋友的人生、伴侣的人生、同侪的人生。

当你开始追求自己真心想要的生活，给人们一个回应你的机会，而不是只在自己脑海中假设他们的反应。

然后，你就可以对自己的人际关系做出抉择了。

第二步，如果你回忆起一些当初本该设立界限但你却没那么做的事，并且因为当时没能尊重自己而感到懊悔，那就把那些事儿写下来，放进抽屉，明天再回来看。这里面有没有值得与相关的人分享的东西？如果你联系上他们，让他们知道你的感受，这会带给你平静呢，还是更多压力？

你可以自己做决定，但首先需要知道的是，你真的很生气，以至于不想再遵循那一大堆由一些从未设身处地为你着想的人制定的无形规则，这是非常棒的成长标志。

06 ｜你开始处理忘掉的情绪。

被置换的情绪（displaced emotions）要么看不出明显的源头，要么就像是对当前情境的过度反应。

实际上，这些情绪往往源自另一些事件，却被当前的事情引发出来。

就像身体会蜕掉皮屑、排出多余的废物一样，它也会从你的器官和细胞中释放记忆和情绪反应。

如果你一直以来都在压抑自己的情绪感受，这一点会表现得尤为明显。

无论怎样，给自己一点宽容和认可。

你在收拾整理一些确实非常沉重的东西，你已经做得很棒了。

07 ｜就算你不知道什么是对的，但你意识到了什么是错的。

我知道，你觉得人生中应当存在某种启示，得到它之后，一切就会顺利展开。比如说，有天你醒来之后，就会清清楚楚地知道自己在何时何地想要些什么。

但人生不是这样运作的。

真正的改变，几乎从来不是被"启发"催生的，而是始于心中的"不满"。

在你明白何为正确之前，你会先察觉到何为错误。

这是最吓人的部分，因为在没得到答案的时候，问题看上去好似永无休止。你觉得自己好像被困住了，眼前没有任何出路。

出路当然有，你只是还没看到而已。

这是合乎情理的，因为你也从未真正坦然接受生活中那些确实行不通的事。

当你有勇气去直面生活中那些不如意的地方，认清错误所在的时候，往往也就能找到正确的方向，找到解决问题的出路。

08 | 你感受到了机缘巧合。

就算你感到自己被彻底困在原地，你也依然在做着连点成线的事。

或许一个你从没想到的机会出现了。或许你碰巧在合适的时间遇见了合适的人。或许你看见或听见了什么，而你没法不认为它是个"征兆"。或许，即便你对某件事满腹疑虑，但它顺畅得出奇。

整幅拼图不一定非得现在就全部完成。

碎片正在汇聚，拼合，这就足够了。

注定属于你的东西必定会到来，而且它会留在你身边，需要留多久，就留多久。

在这个过程中，你渐渐开始明白，构建你真心想要的人生，不单单是掌控投入与产出，也包括臣服于各种可能——那些可能性是如此美好，你可能从来都没想过要去争取它们。

生命的计划往往比你的计划更宏大，但只有当我们臣服于它的时候，才能真正领会它的指引。

09 | 你开始更加重视幸福，而不是成功。

虽然你曾经最感兴趣的是挣更多钱，或是取得更大的成就，得到更响亮的职位抬头，但你发现，现在的你每天更重视的是让自己感觉更好，并尽可能地享受生活。

这标志着你取得了重大的进展，虽然从表面上看来，你似乎做得更少，野心也减弱了。

你在真正重要的事情上变得更有野心了—你的心，你的灵魂，你的精神。

如果你的目标就是尽你所能地享受每一天呢？

如果你的目标就是找到贵若珍宝的感恩之心呢？

如果你的目标就是不受打扰地和心爱的人待在一起呢？

如果你的目标就是享受新鲜的空气呢？

如果你的目标就是一夜安眠呢？

怎样才能让你感到，每一天都在真正地活着？

当你确实取得了前所未有的进展时，你就会向自己提出这样的问题。

10 ｜你开始明白，世上并没有"终点线"。

如果你和绝大多数人一样，那么大半辈子以来，你大概一直在等待"下一件事"。等到做完那件事，你就终于可以过上幸福自由的生活了。

长大意味着，你意识到世上并没有终点线。

并不存在这样的转折点：到了这一点之后，你就可以什么都不用做，躺平睡大觉了。

人生是马拉松，不是短途冲刺。

你现在感兴趣的不是尽快抵达，而是最有意义的、可以一直持续下去的长远之事。

你永远不会感到"我做成了"。可你猜怎样？你并不想"做成"。你不希望这就是终点。你不希望这么快就爬上顶峰。

并不存在这样的转折点：到了这一点之后，你所有的忧虑都消融不见，你的人生像被施了魔法一般，从此一帆风顺，毫不费力，而你也将永远幸福下去。

存在的，唯有永恒的当下，以及我们面对当下的方式、做出反应的方式。

我们所能做到的只有这些。

我们所能渴求的只有这些。

第 19 篇

请记住，你并不孤独

当你独自一人的时候，你害怕的并不是独处。

你知道如何在夜晚时分，在干爽的床单上伸开双臂。你知道如何在开车时把车窗摇下，让心爱歌曲的节奏笼罩自己。你知道缓缓地泡个热水澡会给人带来多少静谧与安宁。你知道一个人散步时的奇异魅力——你可以抬头凝视天空，也可以自由地想象这座城市的故事。

你知道，唯有在独处的时候，我们才能萃取出人生中最重要的真相。身边没有了他人的期望，我们得以看见本真的自己。

你知道独自一人的感受。

让你感到刺痛和恐慌的，不是独处。

而是孤独。二者听起来差不太多，但实际上并不一样。

当你说服自己，你不再值得拥有人与人之间的情感联结，这种感觉叫做孤独。当你误以为，爱是等你足够优秀之后才能拥有的东西，是你必须遵循某些人——也就是你最想从他们身上得到爱的那些人——制定的无情规则才能得到的东西，这种感觉叫做孤独。

可是，这样的联结是什么？

这不是联结。

这是饥渴。

是虚荣。

是执着。

联结是自由流动的、与另一个人分享"生命存在"的状态。想和你建立联结的人一定比你认为的多。联结就是你认识到，即便生活赠予你一段独处的时光，你也永远不会与世界彻底失去联结。

对于每一个你爱过的人，你是他们的一部分。

对于每一处你去过的地方，你是它的一部分。

即便关爱你的人不再出现在你的日常生活中，你依然被他们关爱着。

即便在你状态最糟的时候，也起码总有一个人会足够关爱你，愿意留在你身边。

我们认为，由于生活在这么一个高度互联的社会，我们的孤独感应当比以前弱才对。我们不仅可以和每一个认识的人保持联系，还可以亲眼看到他们生活的每一个细节在我们面前展开。此前，没有哪一代人能用这种方式体验社会。

问题恰恰就出在这儿。

我们得到了所谓的"联结"，却失去了真实的情境。

以前，人们离开原先的城镇、团体和朋友，他们偶尔会叙旧，但生活中的那些私密细节，一般都只分享给能与自己一同成长的人。

这是健康的，因为这让我们有空间去寻找新的身份，而不是去竭力安抚所有那些曾经建立起来的旧身份，它们同时汇聚起来，想要见证我们如今的样子。

我们最孤独的时候，就是成为自己的陌生人的时候。在一个人人都在看着你的世界，我们更像是他人所期待的零碎形象的拼贴，而不是我们想要成为的完整模样。

我们不知道自己属于哪里，因为我们对自我的概念与期待紧密相关。在不同的人面前，我们有不同的面孔，在成为其他模样带来的持续压力下，我们失去了某些东西。

我们真正的自我。

我们真实的自我。

那个知道我们在根本上与世界永远有联结的自我。

那个自我知道，我们无需拥有 100 个朋友才会感到充实，甚至连 10 个都用不了。

人生不是一场"看谁更受欢迎"的竞赛。

它看的不是谁在某个方面最出色，以及出色到什么程度。

它的真谛是真正的联结，也就是我们愿意以最本真的面貌面对世界，并且明白，自己可以在最真实的状态下被人全然接纳。

无需调整。

无需改变。

无需隐藏。

拥有这类真挚的联结时，我们最终会找到一种完整感——如果我们总是盯着别人的生活碎片，就永远不可能拼合出这种完整。我们会渐渐理解，那些暗地里的疑虑，隐隐的恐惧，深切的好奇，原来每个人都有。虽然我们性格各异，经历也各不相同，但没有哪种人类体验是你一个人独有的，世上总会有其他人也体验过，至少也是类似的版本。

领悟到这一点很简单，但是也很艰难。

为了在现实中培养真正的联结，我们必须要看穿假象，也就是我们对联结的错误理解是什么。

为了回归真正的自我，我们必须要彻底放弃"想要吸引每一个人"的念头。

当生活赠予我们一段独处的时光，我们必须要找到勇气，一个人睡觉，一个人吃饭，穿着睡衣在厨房起舞，夜晚躺在床上时，问自己是否过得还好。

联结不是苦心孤诣挣来的。

用玛丽·奥利弗（Mary Oliver）的话说就是，"你用不着在沙漠中跪行一百英里去忏悔，你只需要让你的身体、这个柔软的动物去爱它所爱的。"

在生活赠予你的独处时段中，试着寻找爱。

你早已是某个远远大于你的东西的一部分。它来自你来的地方，那儿也是你终将归去的地方。在你记起这些的时候，试着寻找爱。

或许你被赠予的是一个认识自己的机会，这样你就可以把真正的自己介绍给某个人了。在这个事实中，试着寻找爱吧。

或许，这就是一直缺失的那块拼图。

第 20 篇

7 种方法成为情绪坚韧的自己

坚韧并非天生的特质，而是一种实践。

事实上，我们应对生活的能力往往直接反映出我们经历过多少挑战。那些内心最平静的人，往往也经历过最艰难的磨难。

这并非巧合。

当我们学会更好地应对自己的处境，尤其是通过实践和反复练习，我们就能发展出所需的人格，更加从容地应对人生。

运用以下 7 种策略，你不仅可以应对自己的情绪，还能从情绪中学习、成长，并让情绪为你所用。

接纳自己的感受

坚韧的人不会逃避情绪，他们清楚地了解自己的感受，以及为何会有这种感受。

他们不会回避自己的感受（比如喝酒、压抑情绪，或用其他手段来分散注意力），而是通过写日记、和心理医生或信得过的朋友聊天，或是其他一些能确认感受的方式，来表达自己的体验。

接纳现状，就算你不喜欢

接纳一件事，并不意味你觉得它挺好，也不意味着你不打算改变它。接纳一件事，并不意味着那件事是对的。接纳只意味着你不再否认现实。

接纳是疗愈的第一步，这是因为，唯有如实地看清状况，才有改变的可能。就算你的接纳看上去只是承认自己处于危机之中，需要帮助，那也是进步，因为你离获得帮助更近了，而不是留在对事实的否认中，无法取得任何进展。

简单直白地说出自己的感受

当我们陷入混乱的情绪时，事实可能会被彻底扭曲。

有一个方法可以帮助你立刻平静下来，看清究竟发生了什么。这就是把关于当前状况的事实或者是你对这个状况的感受说出来，尽可能做到简单直白。比如：

——我被分手了，这真的很残酷，我一点没有料到。现在我感到迷茫、不安，还有尴尬。

——我不喜欢自己的外貌，经过了一辈子接纳自我的战斗后，我感到绝望，不知道是否还能找到内心的平静。

——我对工作感到焦虑，虽然我知道这种焦虑不合理，但它很强烈，已经影响到我的生活质量了。

找到动力

坚韧的人在任何事情中都能看到光明的一面。

换个说法就是，无论发生什么，他们都能从中找到动力。如果需要做一些不想做的事，他们就会想象自己能从中得到什么。如果必须去工作、锻炼，或者去做任何不能带来即时满足的事，他们会专注于自己从中获得的好处。

与其想着你不喜欢某个家庭成员，因此害怕即将到来的假期，不如想想，看到其他你喜欢的家人该有多开心——这么一想，对付那个家伙好像也是值得的。与其想着不愿上班，不如想想你的长远目标，或者想想薪水也行。与其想着不愿锻炼，不如想想锻炼后的感觉有多爽，或是一周结束时你该多有成就感。

生活给予我们的任何事情里都藏着好处。情绪坚韧的人总能发现。

学会自嘲

若要化解紧张困难的局面，幽默是个极其好用的工具。

如果你能就眼前的事情开个玩笑，或是在自己的行为中找到一些搞笑和荒谬的地方，你很可能会发现，你更容易应对当前的事情了。幽默能把任何情况都立刻变得轻松，当你不把事情看得那么紧张严肃，许多不必要的压力就烟消云散了。

行动起来，解决问题

很多时候，我们总是可以采取一些行动来解决困扰。

事实上，我们常常发现，那些最让我们烦恼的事情，往往指向生活中某个亟待解决的问题。如果我们总是在财务问题上感到压力，那么财务健康就是我们需要制定策略并优先考虑的事。如果我们总是与别人发生冲突，那么提高情商、学习如何更好地与他人相处就应该成为我们的关注重点。

大多数人总是被动地承受发生在自己身上的事，但情绪坚韧的人知道，生活中的许多事情都是自身的反映，因此他们可以掌控结果。

改变自己

不适感是对改变的召唤。

当我们感到特别不舒服的时候，往往是因为生活需要更好版本的
我们出现。尽管不适感看上去像是敌人，但实际上它是我们最有价值
的盟友，是一个深刻又全面的认知：我们值得拥有更多，有能力做到
更多，注定会得到更多。

情绪坚韧的人最有价值的行为就是适应。当原有做法无法继续支
持他们的时候，他们就重塑自己。他们放下旧自我，建立新的。他们
总是处于不断成长之中。

你不一定每次都能控制自己的情绪，但你总能控制自己对情绪的
反应。在这种反应中，你可以找到自由。

— 第 *21* 篇 —

你的内心知晓真相

假如这世上再无可信之物，请你明白，你的内心深知何为真实。它能感觉到什么适合你，在你注定要走的道路上会有什么。它知道什么能帮助你成长蜕变，成为你渴望成为的人，也清楚是什么在阻碍你前行。

内心的表达很含蓄。

它不会通过脑海中的声音传达真相，它借助的是心底那隐约的暗示。头脑不知道该如何安放这些感受，也无法理解它们。头脑执着于你设定好的道路，执着于你为自己构建的生活片段——你依然认为那就是真正的自己。你的头脑渴求理性、确定性、结构、逻辑与清晰，而恰恰正是这些导致了最固执的抗拒。

爱不是理性的。

使命没那么确定。

觉醒会拆散结构。

灵魂的运作不依赖逻辑。

你的头脑认为，一生只有一条路可走，只有一种生活方式可体验。借由这个信念，它建立了安全感。

但你的内心知晓更宏伟的事物。它知道你注定要追寻那些让你充满生命活力的事，它知道你携带的天赋能治愈许多人，它清清楚楚地知道你注定要成为什么样的人——即便现在的你还丝毫想象不到。

内心的节奏是舒缓的。它不会冲动行事，不会失去理智，也不会带着愤怒。内心通过那些不会消逝的感受，向你展现何为真实。它一次次地把你带向该去的地方，用这种方式告诉你，你注定要去往何地。内心乐于凭借信念大胆一跃，因为它能感知到对面有什么。内心习惯在看见之前就选择相信。内心是真正的你的核心，那里蕴含的真相，就是你注定要追随的东西。

你人生中最重要的旅程，不是凭借意志力勉强推进一种你并不真心想要的生活，而是要活得勇敢无畏，全力以赴，去跨越未知的边界，大胆一跃，相信道路自会升起来，稳稳地托住你。

你或许认为，是理性的头脑让你走到了今天，但实际上，是无数未知的因素汇聚成了当下的生活，是那些你不顾一切劝阻也甘愿追随的细微感受，是那些将你召唤到一个截然不同的世界的微小冲动——你现在还看不见这个世界，但你终将知晓它的存在。

或许你花了一段时间才看清楚，但你的内心始终明白真相。问题不在于你是否会追随内心，而在于你要等多久，才会开启那个你知道注定属于你的人生。

— 第 *22* 篇 —

如何放下一个人

心碎是痛苦的，但它不会永远持续下去。年轻时，你经历的心碎时刻可能格外多——当然，这种痛苦的打击也有可能发生在人生的任何阶段。

在约会阶段，你可能会不断地从一段感情走向另一段感情，努力寻找那个能与你长久相伴的人。你需要应对的失去和心碎很可能不止一次，而是一连串。这种反反复复的经历可能会导致习得性无助：你会感到自己总是会心碎，永远找不到合适的人，或者没人好到能配得上你。但这只是暂时的。

你会与某个情投意合的人共度余生，这是很有可能的。你不该被困在这种反反复复的折磨中。跟一个人缔结了温暖美好的情感联结，然后又看着它断裂，你不该受这种罪啊。你也不该辛辛苦苦打下基础，却被人毁于一旦。这就是为什么这种感觉如此糟糕、如此陌生、如此可怕：这不是你应该拥有的人生体验，而且在你人生的大部分时间里，也确实不会这样。

此刻，痛苦让你觉得，由于某个人即将永远离开你的生活，所以这份伤痛也会永远持续下去。但你现在看到的全都是失去，你还没看到即将得到的东西呢。

从心碎中我们能学到什么？

事实证明，能学到很多。

现在，生活正在给你第二次机会。它在告诉你，你念念不忘的那个人，并不是你应该共度余生的人。你的人生伴侣会塑造你，会在很大程度上影响你成为怎样的人。让你心痛不已的那个人，是你想成为的那种人吗？你想生几个跟他一模一样的孩子吗？如果答案是"绝对不要"，那你就不想跟那个人在一起。几年之后，再看看他们的样子，你就恨不得满怀感激地双膝跪倒，感谢命运让你走上了另一条路。

当然，现在你不一定这么想。

现在，你一心想的都是自认为失去了的东西，以至于没有察觉到面前的"沃土"。当我们心碎的时候，整个世界仿佛都在地动山摇。可是，当我们被迫走出舒适区，我们就会蜕变。现在你有一个选择：由于你没能得到想要的东西，所以你可以把所有的能量都用来大发脾气；或者，你可以把之前用来关爱、担忧、陪伴和思念那个人的全部能量收回来，用到自己身上。

当你把全部能量都用在自己身上，你知道你能做成多少事吗？

任何事。所有事。你可以开启一个副业，认真经营，直到它成为你的主业，到了明年这个时候，你很可能就已经自立门户当老板了，每天都能做自己喜欢做的事。你可以去圣特罗佩（St. Tropez）旅行，独享海滩时光。你可以把晚上的时间拿来看书，吸收知识——说真的，这些知识会改变你未来几十年的生活质量。你可以把原本浪费在吃饭、喝酒、住房上的钱省下来，开始偿还债务，这样你就会有更少的负担，更多的自由。

你可以分毫不差地成为你想成为、也注定会成为的人。你还有整个余生可以拿来恋爱。现在，你可以把时间用来改变自己。

你哀悼的，是你失去了一个有可能实现的未来——但它只是"有可能"而已。

失去一个与你有深厚感情或亲密关系的人，哀悼之情是正常且健康的。

但是，如果这种悲伤演变成了执迷，令你痛不欲生，根本没办法往前走，那么，你哀悼的就不是那个人，而是对未来生活的一种设想。

当你与某人分手，为他从你生活中消失而哀伤时，你会感到孤独，情绪会波动起伏，你会哭泣，想要避开他，或者想要重新开始，又或者想多给自己一些时间，这些反应都是正常的。可是，如果你在某种程度上要依靠这个人才能获得对未来的确定感、方向感或安全感，那你的反应肯定要大得多。你会变得偏执，坚信这不是结束，你会拼命寻找"征兆"，想尽一切办法让对方相信，你们仍然是命中注定的一对儿。

这种反应，不是失去了深爱过的人的反应。这种反应，是一个人失去了对未来的安全感，不惜一切代价也要把它找回来的反应……哪怕只是在自己脑海中相信"一切还没结束"。这样一来，你再次给自己营造出了安全的感觉。

咱们来做个小测试：和这个人刚开始在一起的时候，你的生活是什么样子？在这段关系开始之前，你知道自己的人生方向吗？你对自己是谁、想要什么，以及未来几年的规划有信心吗？你是否担心、焦虑自己没能在"合适的时间"找到一段感情，或者担心自己到了某个阶段仍孤身一人？你是否在事业上感到迷茫、为钱发愁，或者与家人关系紧张？

一段关系开始时的背景环境能反映出很多东西。这就是为什么人们总是反复地说"要先爱自己"：当两个快乐的、内核稳定的、懂得追求自己的人生目标的人走到一起，这段关系往往能长久。而当两个需要修习内在功课的人走到一起，他们会把对方当成创可贴，这段感情必定会分崩离析，因为他们最终会认识到，另一个人并不能解决问题。

如果你对未来感到焦虑，你需要当制订计划的那个人。如果你不确定自己想要什么，你需要坐下来头脑风暴，直到想出一些点子。如果你不知道自己是谁，你需要做一些灵魂探索。如果你缺乏成就感，那你需要换个新工作。如果你感到压力很大，你需要更好地管理自己的时间、金钱或人际关系。

这些是你当年就需要做的，而现在你又有机会做了。

你不会忘记这个人。你需要转移自己的注意力。

"忘记"一个人是不可能的。你越是努力不去想他，就越是会想起。假装什么都没变，继续过你的日子，并不能帮你"放下过去"，继续前行。你曾经熟悉的"正常生活"已经一去不复返了。如果你还像以前那样生活，就好像这个人依然在你身边，你就会一直围着空缺打转。你不可能不想起他，不可能不怀念往日时光。你会经常想起以前。你会坐在你俩一起坐过的房间里哭。你会走进你俩一起逛过的商店，满心都是挫败感。当你遇到曾经一起玩的朋友，你会感到丢脸，因为在众人眼中，你失败了。

你需要站起来，你需要重新开始，你需要开启全新的生活。你需要新的地方、新的人、新的日常规律。你需要新的冒险、新的目标和新的计划。

以下就是你放下过去的方法：用许许多多足以改变生活的事，填满你的日常。这样一来，随着时间慢慢过去，你想起那个人的次数越来越少了。这不是你刻意所为，而是因为现在你有那么多其他事情要想，有那么多地方要去，有那么多东西值得期待，有那么多喜欢的事占据了你的心。

随着时间渐渐过去，你想起那个人的次数越来越少，越来越少。这不是因为有一天你突然神奇地不再在乎他了，而是因为你开始用更在乎的事填满自己的生活。

这就是心碎的神奇之处：它逼着你成为一个不同的人。除非你愿意永远沉浸在哀伤中，否则你必须改变。如果你做对了，你会成为一直想成为的那个人。回首这段经历，你会把它视作人生的巅峰、转折点，视作那个看似未被回应但本身即是答案的祈祷。这将成为发生在你身上最美好的事，因为你得到的不是一段不温不火、不管怎样也持续不下去的感情关系，而是得到了梦想中的生活……而且是你自己给了自己这样的生活。

如何知道某人是否真的适合你？

感情的棘手之处在于，该不该分手这种事，几乎没人能说得准。你应不应该跟这个人在一起，不是一眼就能看清的。对于你们之间的每一个矛盾，你都能列出对方的一长串好处。对于每一次争吵，你都能飞快地说出你们一起度过的所有美好时光，所有让你相信你俩"天生一对儿"的迹象和征兆。

"知道某人适合你"的反面，不是你确定地知道某人不适合你。

"知道某人适合你"的反面，是*极度的不确定*。

当一个人明显地、绝对地不适合你的时候，你们的关系不会走得太远。你们不会编织出牢固的情感纽带。早在你形成任何执着心之前，你就会意识到你俩根本就不合适。心碎不是这样来的。它不是你和一个根本不合适的人错配的结果。

心碎是因为，跟你在一起的这个人，从很多方面来看是"合适"的，但你的疑虑同样也有很多。意识到某人好像不太适合你，往往会体现在一些细微的举动中。比如，你不会在网上晒合影，因为在内心深处，你知道这段关系不会长久。你会避免把他介绍给你的父母，因为你知道父母的反应不会如你所愿。在万籁俱寂的时刻，你会暗自思忖："万一还有其他可能呢？"你会幻想，如果没有和这个人在一起，你的生活会有怎样的可能性。

你会反复纠结，这个人到底是不是那个和你共度余生的人，而不是每天活在当下，踏踏实实地与他一起生活。

如果一个人完全不适合你，你不会为他心碎的。你不会跟他亲近到会受伤的程度。可是，如果一个人足够合适，足以让你心生希望，但好像又相当不合适，让你无法走得更近，或是无法官宣你们的恋情，这个时候，你就会心碎。

这就是为什么，相较于那些拒绝你的人，你更需要提防那些让你捉摸不定的人，那些总约你出来却又不肯作承诺的人，那些爱说"现在时机不对"或"不想太认真"的人。事实真相是，在遇到真正深爱的人之前，没人想认真谈恋爱。在遇到对的人之前，时机永远不对。

"我就是知道某人适合我"的反面，并不是"我就是知道某人不适合我"，而是怀疑。非常不确定意味着你知道答案……只是你太过执着，不愿意承认。

当你无法停止想念一个人时，该如何"放手"？

分手后，你身边的每个人都会劝你"放下"过去，向前看，重新开始。他们会建议你出去喝酒，开始约会，享受新获得的自由。往好了说，这很烦人；往坏了说，这简直让人抓狂。那些人好像以为，一杯龙舌兰酒和一场随随便便的周六一夜情就能抚慰你此刻的心碎和创痛。再没什么比这更郁闷的了。你设想中的未来已经改变，你所习惯的当下也已经不同。现在，你需要的不是更多的不确定。当你已经因为不知道接下来会发生什么而惊慌失措时，你需要的不是强迫自己进入新生活。

你越是努力地"放手""向前看"，你的头脑就越是紧紧地抓住各种理由不放，让你觉得应该再多想想、再试一次，或者继续抱有希望。

"放手"这件事，与其说是一种主动的选择，不如说是接受某样东西已经离去的事实。这并不是真的要把某人从你的生活中抹去，而是你要接受他已然离开的现实。在这种接受中，你能找到一丝平静：你不是在纠结是否应该松开手，放开某样东西，你只需意识到，你已经在过没有他的生活了。他已经离开了。从本质上说，你已经放手了。

人们之所以感到不确定，是因为未知。但不确定也是一种不可思议的恩赐，因为这意味着，你第一次摆脱了过去发生的事，以及你认为自己希望未来发生的事。当你感到不确定时，你会愿意做出原本不可能做的选择，因为此前的你在习惯里待得太舒适了。不确定会孕育出生活中最美好的时刻，最壮观的可能。

大多数人会紧抓着自己知道的和自认为想要的东西不放，这是因为他们太害怕"不知道"的不适感。愿意勇敢面对这种紧张感的人，才是真正能放自己自由的人。

从一段感情中走出来的基本原则。

当你感到受伤、难过，迫切地想要回溯往事，好弄清楚究竟是哪里出了差错，甚至还试着再次挽回的时候，你的思维已经不清晰了。冲动会惹祸，人们特别容易在情绪极度痛苦的时候，干出一些让自己丢脸至极的事，或是做出对长远幸福有害的决定。这就是为什么如果你正在经历分手，请你务必遵循以下原则：

01 | 遵循不接触原则，除非这段感情不是很认真，而且你也觉得

可以和他继续做朋友。前任之间不应单独相处、出去喝酒，或者定期聊天……当然更不应该发生亲密关系。

02 | 找一个值得信赖的朋友，私下向他倾诉。

03 | 如果你忍不住想要关注对方，查看他的照片，或者了解他在网上的动态，那就把他拉黑或删除好友。如果你觉得这样做不好，那就友善地向他解释，你这样做是想彻底画上句号，帮助自己往前走，并且你祝福他一切都好。

04 | 改变你的日常习惯。你不能继续和同一批人出去玩，去同样的地方，否则你会一直围绕着前任打转，然后每时每刻都想念他。当你经历了分手，整个生活都会改变……这就是它的魔力所在。

05 | 不要做任何无法挽回的事。不要做任何在几天之内无法撤销的事。

06 | 考虑再次尝试非正式的约会。给自己留出一段时间后，考虑重新回到约会的"游戏"中。是的，进入一段新恋情，同时心里还记挂着前任，这确实不公平。可是，你永远也没法真正忘记旧恋情一直到你用一段新的来取代它，并且提醒自己，一切事情都是有原因的。

07 ｜ 把你想要和需要此人为你做的每件事都写下来。你之所以感到害怕，很可能是因为如果没有他，你的未来会很孤独，经济上会变得困难，或者整个生活都会变成一团糟。这些全都是要靠你自己去努力解决的问题。感情关系不是创可贴。正是因为你把它当成了创可贴，你才会在一开始就找错了人。

08 ｜ 记住，你失去的只是对未来的一种设想。现在，你可以自由地梦想新的未来了。

借助"未来的自己"疗愈心伤

"未来的自己"练习就是在脑海中想象多年后自己的样子。坐下来进行这个练习时，确保自己处于一个安静平和的地方，手边准备好纸和笔。闭上眼睛，想象未来最理想、最美好的自己是什么样子。无论你现在是什么年龄，都可以做这个练习。要知道，一开始你可能会看到一些可怕的画面（比如自己变老后死亡、受伤或痛苦），这种现象很正常，这只是你对可能发生的事的恐惧。

一旦恐惧消退，你终于能看到未来自己的样子，此时你就可以提问了，看看你脑海中的未来自己会怎么回答。要知道，这一切完全是你内心的投射——你已经成为那个样子了，你也已经知道自己要去往何方……这个过程只是要帮助你意识到这个事实。

通常，在脑海中看到未来的自己在愉快地享受单身生活，或是与新伴侣幸福相伴，正是放下前任所必需的。你未来的自己也有可能会建议你当前该怎么做，或是你是否真的应该放下一段感情。基本上，你这是在向内心中最高级、最智慧的部分（未来的自己＝更年长，这意味着更成熟）寻求建议，只要你写下的内容感觉真实、有用，就应该相信它。

现实是，你已经是那个最好版本的自己。此刻你周围发生的一切，都是在帮助你最终意识到这一点。

你的家就在自己心中

你原本就不可能在一个无常的世界里找到永恒的家园。

别人原本就没有义务无微不至地爱你，好让你感到安全。

你来到这个世上，是为了在你自己的心里建造起一个家。你来到这个世上，是为了学到这一点：不是说你不需要人与人之间的联结，而是说，如果你没有与自己建立起联结，其他一切都是空谈。你来到这个世上，不是为了一头钻进别人搭建的生活，而是要找到勇气，去创造属于自己的人生。

平和就在你的胸臆间。

爱就在你的心中。

灵感就在你的脑海里。

那些在人生旅途中与你同行的人，永远不该被视作理所当然，而且，他们也永远不该被你当成提供情绪价值的工具。

让我们感到安全，感到一切都好，这不是别人的职责。

除非你回到了内心中那个真正的家园，否则你永远无法与世界和解。

这是因为，你会不断要求事情不是它原本的样子，不断要求人们满足你对他们的期望，不断避开自己的恐惧和触发情绪的事件。

你必须意识到的是，"家园"二字，不是一个概念，不是一个地方，它是一种存在的方式。

它是你面对生活并把它变成自己的版本的方式。

它是你接纳当下的自我的方式，而不是"有朝一日会成为"的那个人。

它是你在万事万物中探寻存在的方式，从而你意识到，没有任何事物应当是完美的，但每种事物都是你未曾经历过的体验，而且很可能永不会再重来。

在自己心中建造起家园，意味着你知道自己会一直安好，这不是因为每件事都会按照你计划的样子发展，而是因为，如果不能，你也会随之适应。

在自己心中建造起家园，意味着你知道自己会一直向前走，这不是因为放手不难，而是因为你可以做到艰难的事。

在自己心中建造起家园，意味着你知道自己总是可以返回宁静平和的状态，这不是因为此后你将终日生活在舒适中，而是因为，为了过上自己想要的生活，你甘愿忍受暂时的不适。

我们活着，不是为了应付日子的。

我们活着，不是为了在别人的想法中寻找安全空间的。

我们来到这里，是为了认识到，我们才是自身存在的源头，是我们所创造的一切、所成为的一切的源头。

我们来到这里，是为了带自己回家，然后帮助别人找到他们的归家之路。

第 24 篇

当你感觉生活未达预期，
请看这 16 个小小的提醒

你已经走过了很长的路。

想想看，一年前、三年前、五年前或者七年前，你身在何处。你已经跨越了重重高山，克服了曾经以为无法逾越的困难。你做到了曾经以为做不到的事，哪怕其中有些只是努力起床，面对新的一天。

你可以在疑问中生活。

生活并非始于我们找到答案之时，而是在疑问中徐徐展开。生活并非早就明白自己最终会去往何处，而是一段探索、寻找灵魂、内省、与人联结、不断追寻并最终找到方向的旅程。生活并非总是清楚地知道自己十年后会在做什么，而是有勇气去追寻当下感觉正确而且来得毫不费力的事。生活并非总是能确信某段感情就是自己生命的全部，而是即便面对未知，仍能每天真诚投入。确定性是个偷懒的办法。它直接给了你一个最终答案，而你应该做的，是持续不断地剖析问题，直到答案成为你的一部分——如此显而易见、近在眼前，你不需要做任何决定，只需要欣然接受就可以。

你没有落后。

你没有偏离轨道。根本不存在"偏离轨道"这回事。你的生活是自我的持续展现。它会被外部世界塑造和引导，但也取决于你对那个世界的理解和回应。它是对"我是谁"以及"我可能成为什么样子"的不断探索。生活并不会等到一切都完美的时候才开始，也不会在你觉得"自己值得"的时候才开始。此时此刻，它正在发生。你就在你该在的地方，因为除此之外，没有其他地方可去。你必须拼命努力才能配得上自己本就拥有的生活，这种想法是个妄念。

人生并非一路通向完美的上扬直线。

看电影的时候，你不会整整一个半小时就干坐在那，等着看结局，等着最终的答案揭晓。你明白故事的每个部分都有意义，每个片段都值得欣赏、品味、汲取养分。你不会期待所有线索都立即汇聚到一处，所有情节都马上变得清晰明了，但你会保持好奇，你观察、解读、预测，并坚持看下去。人生也是一样。你生活在一件艺术品中，却把它当作一个尚未解开的方程式。"创造自我"并不是一次性的工作，做过之后就再也不碰，这是一个持续终生的工程，不断变化，不断绽放。

没有人对你的期望比你对自己的更高。

我知道这句话令人难以置信。我知道，你觉得你遇到的每个人都在评判你的成败，在脑海中描画你的样子。他们透过自己的眼光看待你，得出关于你的结论。我想告诉你一个秘密：那个"眼光"是你自己的。那是你投射出来的印象，是你看待自己的滤镜。大脑有个很有意思的特点：它的首要目标是证明自己是对的。所以，当我们关于自身的最强烈的恐惧占据了意识的中心，我们往往会寻找理由，好让自己更加确信这份恐惧站得住脚，而不是去质疑它。重点是，你并不知道别人怎么看你，你又没有钻到他们的脑袋里。你只能知道自己想象中的自己是什么样。想想看，你也不会花太多时间去评判别人生活的每个细节吧，所以，或许（只是或许）你只是你自己宇宙的中心。

在阴影中穿梭是生命体验的一部分。

直面艰难困苦是生命体验的一部分。在每一段体验中，你都会发现自己灵魂中未知的一部分。而这本身就是个奇迹。

不必追求事事确定。

几乎所有真正触动你灵魂的事，都会带你离开既定的、一成不变的、被无数人从未知中开辟出来的道路。旅行，追寻艺术，爱你所爱的人，这些事从来都不是理性的。总会有理由不去做，总会有其他一些你可以做、应该做或有可能花时间去做的事。有时候，为了把人生这件事努力搞明白，到最后我们反倒越想越糊涂，这是因为爱是不符合逻辑的，欢悦是不符合逻辑的，激情也是不符合逻辑的。你必须找到勇气，跨过那条你曾经为自己划定的界线。

你要开始善待自己。

就像你会善待一个孩子那样，善待一个无比纯真、值得你无限喜爱和赞扬的人或事物那样。当我们看起来最不值得被善待的时候，恰恰是最应该善待自己的时候，因为此时我们最需要的就是这个。寻找最简单、最直接的方式来善待自己。渐渐地你会发现，原来有那么多无休止的内在压力，都是你曾经听到的别人的声音，而你把它们当成了自己的。

你可能并不像自己以为的那样，需要那么多东西。

你不需要完成许多伟业才算成功，你不需要做到优秀才算足够好，你不需要得到很多东西才能感到满足、充实和快乐。你并不像自己以为的那样需要那么多，以野心之名扩大这种需求的差距，并不会让你收获更多，只会让你更加空虚。知道自己需要什么、想要什么，然后划定界限。你不能一辈子都在筋疲力尽地拼命追寻。你得留出时间，只是单纯地存在。

对潜力的充分表达不在于数量，而在于质量。

被爱，意味着被少数几个亲近的人充分看见、完全接纳，而不是看你能赢得多少人的仰慕。成功，并不意味着尽可能多赚钱，而是能够每天醒来，对活着充满了感激——即使你经历了这么多风风雨雨，即使你心怀恐惧。重要的不是你拥有多少，而是你所拥有的是否能让你坚信人间值得。重要的不是你在自我提升的道路上走了多远，而是内心是否感到安顿和满足。

感到不适是正常的。

不适感是个美好的信使。与它的姊妹信号"痛苦"不同，不适感常常指向我们已经准备好要成长的地方，而伤痛指向的则是我们无法再成长的地方。不适感悄悄告诉我们，有些事情不太对劲，这意味着在内心深处我们知道还有另一条路，即使我们害怕充分接受它。不适感是你的朋友，不是敌人，与它和谐共处的唯一方式就是问一问，它的出现是想告诉你什么——否则你会一直在内心中与自己交战。

集腋成裘，积少成多。

你可能觉得，自己的问题在于缺少重大的突破时刻，缺少引人注目的成就，从不曾华丽地与过去告别，也没能声势浩大地迈向灿烂的全新人生。你可能觉得，问题在于你没能住在最潮酷的城市里，或者你不是所在领域最受尊敬的人，又或者别人拥有的比你多，令你觉得自己做得还不够。但事实是，大成果是由一个个小部分积累而成的。重要的不是一次性的巨变，而是日复一日的积累。比起你是否在某个特定的时间搬到了某个特定的地方，是否取得了某个特定的成就，你的日常生活习惯更能定义你。事实真相是，人生道路会把你引领到注定要去的地方——在到达之前屏住呼吸，只会让你更晚抵达。

没人能把一切都搞明白。

我们之所以认为自己不如同龄人走得快，部分原因是我们以为人家把一切都搞明白了。我们怎么可能不这么想呢？看看他们源源不断的成就、动态更新和家庭照片，我们看到了行云流水般的人生。我们怎么能不认为，人人都把生活安排得井井有条，而我们费了半天劲，却只能维持现状？可是，这些"精彩镜头集锦"是很有欺骗性的。我们本不该知道自打童年起就认识的每一个人的每一个细节和人生里程碑。这是数字时代特有的体验，而且我们仍在适应中。在互联网出现之前，当你离开一个地方、一所学校或一个群体，你就真的离开了，而不是像现在这样，虽然大家在地理、心理和情感上都处于不同的世界，却依然保持着弱关系。这让你误以为，你认识的每个人都把生活安排得很好，你却没有。但事实并非如此。

你正走在自己的人生道路上，而且步调刚刚好。

事实真相是，此时，此地，你准时地出现在该在的地方，不早也不晚。你不可能延误或提前，因为当你走在自己的人生道路上，根本不存在"走错路"一说。当我们过于确信下一步该往哪里走，往往是因为我们走的是别人的路。

人生旅程的真意，不是去说服自己已经足够好，而是即便你不够好，也要爱自己。

为了相信"自己已经足够好，所以才配活着"，你最先做的事，就是努力寻找各种证据，来反驳心中最深的恐惧。当然，如果有人追求你，那就说明你有魅力，所以你是有价值的。如果你考上了理想的学校，那就说明你足够聪明，未来一定前程似锦，所以你是有价值的。如果很多人喜欢你，这必定表明你是个亲切友善的人，所以你是有价值的。但不幸的是，生活并不按照这个逻辑运作。因为即便收集到了所有能让我们相信自己有价值的证据，我们也不会真正有这种感受——除非我们决定爱自己，哪怕我们并不相信自己配得到这份爱。与其努力说服自己相信，自己是有史以来最棒的人，不如试着无条件地关爱自己和周围的一切。价值感不是努力挣来的，而是我们在渐渐学会关爱自己和认可自己的过程中，渐渐回想起来的。

你做得比你以为的更好。

你离突破的距离，比你以为的更近。你已经走过的路途，比你印象中更远。你做得比你以为的更好，因为你的大脑和身体生来就会不断关注下一个问题、下一个威胁、下一个恐惧。这原本是为了保护你，但实际上，这会让你的心慢慢碎裂。它让你觉得，你取得的成就永远不够，它让你觉得，你的余生注定要从一个高峰跳到另一个高峰，时刻准备迎接不可避免的跌落。即便你今天所做的只有维持呼吸，那也足够了。你的价值，远远超过你所证明的。你的存在本身就证明了你的价值。或许重点在于，你终于停下来，感受到了它。

第 25 篇

当生活给了你一个改变的机会，
别让它擦肩而过

当生活给你改变方向的机会时，你要抓住。

你应该抓住它，因为终于出现在门口的，往往正是注定属于我们的，即便我们未曾预料到它的到来。你应该抓住它，因为能让你深刻改变生活的机会远比你想象得少。你应该抓住它，因为哪怕只是一点点"应该抓住机会"的直觉，也反映出你想要改变的愿望。

但最重要的是，你之所以应该抓住它，是因为当生活给予我们改变的机会时，往往是因为我们需要改变。

人们很容易美化那些令自己感到舒适的事物，偏爱熟悉的东西也很正常。你花了大量时间说服自己，你现在待的地方就是你想要的，你夸赞它的每一个优点，寻找各种理由向自己证明，为何你需要留在这里。

可是，这些杂念很可能会蒙蔽你的视线。

如果你必须费力地说服自己某件事是对的，往往是因为，在内心深处你知道这事不对。

而当你走在正确的道路上时，一切都自然而然。

我们无需绞尽脑汁说服自己，我们正处在正确的时间和地点。这是显而易见的，即便偶尔会有疑虑悄然浮现。

有时候，我们会在灰色地带徘徊一阵子。

我们发觉自己陷入两难：我们知道自己已经成长，不再是从前的样子；可与此同时又不知道下一步该往哪儿走。如果我们不够留心，渴求的机会可能就会与我们擦肩而过，因为我们的视野被限制得过于狭窄，目光也过于短浅。

臣服于生活就是信任生活。

这意味着我们相信人生没有错误的转折——有的只是转折，就看我们如何一个接一个地把弯转过去。这意味着我们明白，生活中常常会出现一些奇妙的机缘，它们是那么明显，以至于不像是巧合。这意味着我们意识到，世界不会因为我们在两个选择中随意挑了一个，就惩罚或奖励我们，真正重要的是我们如何追寻内外一致的人生，有没有把真正的自我彻底表现出来。

我们来到这世上，不是为了循规蹈矩。

我们来到这世上，不是为了一个接一个地完成既定目标。

我们来到这世上，不是为了按照别人的剧本生活。

我们来到这世上，是为了见证自己的灵魂，是为了将内心世界显化出来，展现到外部世界中。

我们来到这世上，是为了探索、玩耍、尝试、追寻、发现、学习、成长、改变、适应，感受人生最高的高峰与最低的低谷，以及位于其间的一切。

我们来到这世上，唯一不该做的，就是静止不动。

当生活给了你改变的机会，当道路出现分岔口，当弯路变成了目的地，当你得到的比要求的更多更美好——这不是巧合。

有一天，当你回首往事，会发现一个个脚印串联成了一条清晰的道路。

有一天，你会意识到，你得到了需要的东西，即便它并不总是你想要的。

有一天，你会明白，真正的失败并不是行差踏错，而是由于你太害怕走错，因而不敢踏出一步。

当生活给了你一个改变的机会，好好把握它吧。

— 第 *26* 篇 —

当你感到永远无法再前进了，
请想一想你已经走了多远

当你感到永远无法熬过这个季节、这个时期、这场转变的时候，请你想想曾经翻越的每一座高山，请你想想每一个你确信焦虑永远不会消散、你永远无法走出当前困境的夜晚。

无论你有没有意识到，那段时间都已经过去了。你甚至没有刻意努力，但欢悦渐渐浮现出来。某一天，一件小事给你带来了一点抚慰，然后又来了一点。你等待着。你意识到，就算不是时时刻刻都能感觉挺好，但一切都会变好的。你允许浪潮汹涌而来，然后，允许它渐渐退去。

无论你有没有意识到，你找到了勇气。你做到了此前不相信自己能做到的事，哪怕那些事仅仅是鼓起勇气起床，面对新的一天。你体会到了前所未有的糟糕感受，承受了意想不到的损失。你醒了过来，看见了现实：它有时冷酷，有时艰难，有时不公平得几近残酷。

但它也有难以想象的美好。因为，在你为失去而哀伤的时候，你也发现了柔软。你发现，爱身边的人是多么重要，他们是多么珍贵。你开始珍惜曾经视而不见的事物。你开始明白，你拥有的已经足够，因为多少才算足够，是由你自己来定义的。

无论你有没有意识到，你变得坚韧了。你探索了内心的边界，知道了它的容量。你发现自己的力量是无穷的——如果从未经历考验，你就不会知晓。

随着时间渐渐推移，一度不可能的事，如今变得容易起来。

你如今拥有的生活，是你从前的梦想。你现在所做的事，是你曾经祈祷拥有的。如今出现在你生命中的这些人，是你多年来的渴望：曾经有无数次，你凝望着窗外，心想不知他们到底会不会来，这世上到底还会不会有深深理解你的人。

你不需要拥有一切，才能发现美好，因为美好是我们选择去看见的东西。它不一定总是要去寻找或实现的东西。

所以，当这样的日子到来的时候——你感到自己好像永远也不可能走出目前的困境了——请你想一想自己已经走出了多远，这一路上又经历了多少艰难。想想那些你深陷困境、确信自己永远无法摆脱失望与挫败带来的沉重压力的时刻。想想那些你真的心碎、失望透顶的时刻。

然后，想想所有那些你梦想着能走到今天这个位置的夜晚，那些你为了实现目标而努力工作、精心筹划、满怀希望的日子。不知怎么回事，在原本没有路的地方，浮现出一条道路。机会出现了，门缓缓打开。你遇见了那些将与你共度多年时光的人，而他们曾经只是陌生人。

你在自己身上，发现了以前未曾了解的东西。你知道了什么能让你感到安全，什么不能。你知道了自己喜欢什么，不喜欢什么。你知道了自己看重什么，不看重什么。这是因为你发现了关于自我的真相：你是谁，你将会成为谁。

你找到了自己，这不是因为你一直在寻找，而是因为你被逼到了绝境。当生活中的不适感达到顶峰，我们只得环顾四周，思索原因。通过这种反思，我们发现了所有被错置的碎片，然后，我们鼓起勇气把它们重新拼起。

今天，你就会着手拼合面前的碎片。

在适当的时候，你会抵达你一直凝视着的地平线。

不要害怕脚下的路会突然消失，你需要做的，是回想生活告诉你的事：事情可能很可怕，但总有路可走。即便你觉得自己不配得，你也总是会得到足够的东西。即便你觉得自己不可爱，也总会有人爱着你。即便你觉得前方没有路了，道路也总会出现。

当你觉得一切都似乎毫无转机，面前的高山永远无法翻越时，想想你是如何翻越身后那一座座山峰的：一步接着一步，一个小时接着一个小时，一点希望的微光接着一点希望的微光。

第 27 篇

重大的人生转变来临之际，
你会感受到的 10 件事

有时候，当生活即将发生改变，在我们看到变化之前就会有所察觉。在巨大转变发生之前，你可能会有这样的体验。

01 ｜你不再假装一切都好。

当我们在生活中陷入困境时，就会把"否认"当成盾牌来保护自己，免得由于发现问题而陷入恐慌——因为我们还不相信自己能够解决问题。

渐渐接近人生的重大转变时，我们真正接近的是一个转折点，在这个点上，我们终于做好准备，可以去正视长久以来那些"不对劲"的地方。

这意味着你即将逐渐走出否认阶段，进入愤怒、后悔、自责甚至悲伤的状态中。

这些都是你压抑已久的情绪，很可能你现在觉得足够安全，可以将它们释放出来了，因为你知道故事正在改变，你的生活正在调整——成为一直以来它该有的样子。

我们不会在某一天突然就走出了否认状态，而是会慢慢地、分阶段地走出来，直到最后，我们接受了事实：以前我们过得并不快乐。

02 ｜你会回顾那些导致你走到今天的选择。

重大的人生转变往往是反思的机会。

当我们意识到自己正从人生的一个篇章迈向另一个篇章时，就会时常停下来，回顾之前的经历，去思考这些经历如何造就了现在的自己。

最重要的是，我们的自我觉察能力会增强。

我们开始认识到，自己为什么会走到今天这一步。我们开始思考当时做出的、导致我们处于当前境地的选择，以及，如果希望将来能得到不同的结果，那么现在需要做出哪些不同的选择。

无论你对自己的选择感到自豪还是懊悔，这个反思过程都会收获到大量能助你前行的重要智慧。

03 ｜你会渐渐明确自己真正想要什么。

逐渐走出"否认"的过程，也是逐渐做回真正自我的过程。

当你承认自己不想要什么时，你必然也会看到它的对立面：你想要什么。

你可能会发现，意识到自己想要什么并不是一个激动人心的过程。事实上恰恰相反。

你可能是从愤怒、后悔和极度恼火的情绪中发现自己想要什么的。你可能会意识到，你甚至一直都不肯承认自己有能力发现自己想要什么，更不用说去全心全意地追求它了。

无论你是如何得出这些结论的，重要的是，你再也不能忽视自己真正的渴望，这是一件好事，即便这个过程让人不太舒服。

04 ｜你会舍弃所有不愿再继续背负的东西。

你可能会发现，自己开始实实在在地断舍离。

你可能会清理衣柜，扔掉不再适合自己的衣服；你可能会盘点家里的物品，彻底整理一番；你可能会搬家，不再和某些朋友来往，转而结交新朋友等。

这是一种潜意识的方式，让你的外在世界与内心世界发生的变化保持一致。

在内心深处，你知道自己正在往前走，无法带着过去的沉重负担继续前行。

05 ｜你会着手处理其他存在已久的问题。

当你治愈了生活中的一个方面，改变就会渐渐向外扩散，影响到其他所有方面。

或许你不再否认自己对所在的城市或工作不满意，或许你开始正视这一段不会有结果的感情关系。在这个过程中你可能会发现，自己也想处理另一些长期困扰你的事情。

当我们改善或提升了生活的某一个方面时，相比之下，其他尚未被治愈的方面就会显得更加明显。

你只需要记住，一样一样慢慢来，不要把自己累垮了。

你可以既认识到哪些事情需要改变，同时又以稳妥的节奏采取行动。

06 ┃事情开始"回到原点"。

随着所有这些启示和改变的发生，你可能会发现，自己好似兜兜转转，又回到了"原点"。

或许你一直都对自己现在做的事情有种预感。或许你开始接受自己身上某些一直存在的特质——虽然此前你总是不肯承认。

或许你意识到，在内心深处，你好像一直都知道这些现在终于知道的事，虽然你曾经试着逃避它们。或许你终于愿意承认，自己一直以来想要的是什么。

或许你想起自己曾经说过：我一直想要住在这个地方。

或许你终于意识到，那些得来全不费工夫的事，才是你此生注定要做的事。

或许你意识到，从一开始你就知道这段感情不会有结果，可你还是选择了继续。

无论发生了什么转变，或者有了什么新的领悟，你可能会发现自己好似又回到了起点，但这种感觉比想象中要令人欣慰得多。

07 │你会重新发现自我。

认识到自己在人生中想要什么、不想要什么，会带来一个自然而然的结果，那就是认识到自己是什么样的人、不是什么样的人。

在这个过程中你可能会发现，你的自我感越来越强烈，越来越清晰了。

你知道自己想要什么，知道自己擅长什么，知道自己想要体验什么。

你调整外在的自己，以便更好地反映出内心中真正的自己，这是一个苦乐参半的过程。虽然，承认自己现在还不是心目中想成为的那个人，会对小我造成不小的打击，但这种情绪很快就会被"终于做回真实自己"的感受所取代，而这种感受是无比珍贵、无可替代的。

你开始意识到，你值得拥有自己想要的生活，而且你一直都值得。

08 │你品尝到了内在宁静的滋味。

经过了清理淤积的情绪、走出否认、接纳真实自我这几个阶段后，你会发现，内心深处的宁静感开始出现，而且出现的次数越来越多。

这种感觉与兴奋或充满活力不同，因为你会感到，你终于来到了自己该在的位置，不再焦虑自己永远无法到达，或是自己不配得。

你开始感觉到，你正在以自己期望的方式活在当下，而这是一种足以改变人生的领悟。

09 ｜你开始更加清晰地看到长远的未来。

有趣的是，当你想明白自己当下想要什么的时候，往往也会清晰地看到更大的图景。

你可能会发现自己有了更长远的目标，或是知道了自己想要的未来是什么样子。就在不久前，这些对你来说可能还是完全陌生的，但是，既然现在你可以越来越从容笃定地面对自己是谁、想要什么，向前看就变得容易多了，而且这个举动会让你变得更加从容、笃定。

10 ｜你会带着感谢放手，怀着感恩前行。

转变时期可能很艰难，但当你真正准备好的时候，你就会知道如何带着感谢放手，怀着感恩前行。

这句话的意思是，你会感谢自己经历过的一切，包括每一次失手，每一次错误。从每一个错误中，你都学到了无价的东西，由于这一点，你并不会真正感到懊悔。

然后，你会带着同样的感恩之心向前迈步。你会带着轻松和敬畏的心情，大踏步地走进人生的新篇章，因为你知道，若是没能与真正的自己保持一致，那会是什么滋味，你也永不会忘记，终于做回真正的自己时，那种感觉有多么美好。

第 28 篇

没有所谓的"落后"，
人生的展开方式不止一种

下面这句话，要么会扰乱你的世界观，要么会解放你，也很可能会两者兼具：每一个人当下所经历的，都刚好是他们需要的。

这句话很难接受——当我们看到身边的人正在犯下我们认为的严重错误的时候。

这句话很难接受——当我们亲眼看着深爱的人在困难中挣扎，特别想帮他们指出明路的时候。

这句话很难接受——当我们因为自己没能变得更好、走得更远、更加与众不同而忍不住要批判自己、惩罚自己的时候。

当我们还年轻，还没有真正具备自主意识的时候，我们的生活是被某种既定的流程或特定的顺序掌管的。

我们知道，要先学会爬，再学会走。

我们知道，要学会系鞋带、穿外套。

我们知道，把二年级念完，就能升三年级。

我们的人生有一套内置的强化机制。

同龄人、家庭、成绩，都会强化我们的观念与目标。

我们知道人生目标是毕业、找工作或者继续深造、结婚、生子。

然后，生活就这样顺理成章地开始了。

可是我们发现，这种既定的生活程式其实只是一种建议，一种引导我们走向成功和发展，而不是自我破坏的建议。

但很少有人教我们如何活得充实、活得满足。

很少有人告诉我们，如果我们没能和别人一起抵达目的地，如果我们在重大人生目标完成后感到失望，或更常见的是，如果我们完成了清单上的所有事项，却发现内心依旧空虚……在这种时候该怎么办。

落后是一种错觉。

并不存在落后这种事。

人生的展开方式不止一种。

有时，我们不得不选择迂回的道路，因为漫长迂回的路能让我们学到所需的知识。

有时，我们会在痛苦中沉沦数年，才开始觉醒并调整自己的行为。

有时，我们从与众不同中所学到的东西，比从随波逐流中学到的更重要。

有时，我们最伟大的成就需要数十年的积累。

有时，我们确实会早早达到巅峰。

有时，我们需要多年的成长和自我探索，才能确定自己下一步需要什么。有时，人生旅程的意义就在于拥有各种各样的经历——而不是只围着少数几个经历打转——之后我们才能选定自己最想要的东西。

当我们认为自己有可能落后，就给自己的人生加上了限制。

当我们认为自己有可能落后，那是因为我们以为人生的意义只在于一个接一个地通关……直到死去。

毕业、找工作、付账单、微微的自我厌憎、结婚、和伴侣争吵、生子、和孩子争吵、变老、退休……然后再努力享受余下的时光。

如果你真的担心自己落后于同龄人，请问问自己，你到底觉得自己在哪些方面落后了。

有太多人完成了每一个应该完成的人生目标，却并没有感到幸福。

这是因为生活不只是走过场。

生活，是需要活出来的。

生活，需要我们去体验。

我们往往会发现，痛苦是通向觉醒，进而获得那种体验的入口。

不适感是个讯号，表明我们还可以拥有更多、品味更多、感受更多、成为更多。

假如你不再和他人作比较，不再基于这个结果来给自己的生活打分，而是根据自己内心的感觉来判断，那会如何？

假如你的首要关注点不是他人能看到的外在成长，而是能彻底改变你的内在成长，那会如何？这种成长会改变你所有的做事方式——

从如何啜饮清晨的一杯咖啡，到深深呼吸春日的空气。

有时候，挫折本身就是人生旅程。

因为你原本走的那条路并不会带你去到真正想去的地方。

有时候，挫折是帮你拯救人生的警钟。

因为不然的话，你就会一路朝着自我破坏飞奔而去。

有时候，与众不同并不是坏事。

这意味着你踏上了一个更深刻、更宏伟的旅程，一个大多数人连想都不敢想的旅程。

如何知道自己真的走错了路

有时候，我们不太容易察觉到自己走错了路，等到意识到的时候，往往已经走出太远，很难轻易回头。

这样的经历，我们都至少有过一次吧。

多年来，我们一直沉溺于自我破坏的行为，直到某天醒来，才终于看清对自己做了什么。我们心不在焉地放任自己深陷债务，到后来才尝到苦果。我们在一段注定会结束的感情中耗费了数年时光，最后才惊觉自己在一段短暂的关系中投入了太多生命。

一旦有过这样的经历，我们很容易余生都忧心忡忡，担心自己会重蹈覆辙，也害怕有一天醒来，发现一个接一个的错误将自己带到了不想去的地方。

你会想，要是保持高度的警惕，就能避免这种状况吧——要是你反复考虑得足够周全，经常质疑自己的想法是否正确，或许就能避免心碎。

然而并不能。

赤裸裸的真相是，如果你真的走错了路，其实你一直都知道——当你最终别无选择，只能接受现实时，就会恍然大悟。

事实真相就是，如果你走错了路，你心里早就知道。

做出自我毁灭的行为时，你知道你在做什么。你从没骗过自己，让自己以为这些行为是健康或正常的。

陷入债务时，你知道你在做什么。只是你有足够的借口为自己开脱，说服自己这是正确的办法。

你早就知道那段感情会结束，因为你一直都清楚，它并不美好。美好的感情关系根本就不会结束，不是吗？我们永远不会离开深爱的、珍视的和在乎的人。会结束的感情，就是本该结束的感情，如果我们能够诚实地面对自己，就会发现迹象一直都在。

重点在于，你从未丢失自己的道德指南针。只是有时你为了满足自己，说服自己不去遵循它。

你内心对是非的本能认知从未真正消失，只是被恐惧、执着心以及"眼前的就是你能拥有的最好的"这种想法所蒙蔽。

你明知自我破坏的行为对自己有害，却因它们能带来一时的抚慰，就说服自己这些行为在某种程度上是合理的，从而忽视了内心的认知。

你知道自己的债务超出了承受能力，但一种更大的恐惧掩盖了这个认知。这种恐惧就是，不管你想买的那样东西是什么，就算举债你也要去买它，这是因为你无法坦诚地面对一个事实：你负担不起现在的生活方式。

你意识到自己身处一段错误的感情中，却完全忽视了这个觉察，是因为你害怕未来可能会有的样子。你迫切地希望，或许——仅仅是或许——在你摸索未来的时候，这个人能陪在你身边。

如果你想花一辈子的时间来担忧自己有没有犯错，别费劲了。

在内心深处，你早就知道。

你早就知道现在的工作并非长久之计。

你早就知道自己需要重整一切，好好生活。

你早就知道那段感情中的问题是什么，也早就知道自己是否愿意去解决它们。

你早就知道自己该做什么，不该做什么。

即使你想假装不知道，你也是知道的。而且你假装的时间越长，就会越迷茫。

你之所以会犯下人生中的"重大错误"，不是因为看不见后果，而是因为你明知那不是正确选择，还欺骗自己说，那样做是对的。

坦诚面对自己，是最好的自我保护。

给自己这份坦诚，带着信念前行，知道你可以相信自己，因为你再也不会对自己说谎——就算真相令人不那么舒服。

什么是足够，由你来定义

不会有人在某天忽然出现在你面前，劝你相信，你已经足够好了。

虽然你会觉得，这种事也有可能发生吧，但没人会把源于你自身的爱拱手奉上。没人会这么做，因为没人能做到。

在你的前半生，有那么多人曾经疯狂地爱着你，然而他们中没有一个人能说服你相信自己足够好。想想这些年来有多少人向你表达过最深切的喜爱与赞赏吧，你肯定能想出几个。但这并没有改变你对自己的看法，至少没能长久改变。

这是因为，这本来就不是他们该做的事。

自我价值感源于内在。

当你决定，对你来说什么叫做足够，你就会开始感受到足够。

当你开始为自己的生活设定标准，然后努力去达到这些标准时，你就会开始感受到足够。

当你决定什么样的工作对你来说是足够的，多少钱对你来说是足够的，什么样的物质财富对你来说是足够的，多少朋友对你来说是足够的，什么样的生活方式对你来说是足够的，你就会开始感受到足够。

决定了外在的"足够"标准，你也将开始探索内心的"足够"。

为了让自己感觉良好、完整、有价值，你真正需要的是什么呢？大多数人在深挖之后会发现，原来需要的并不太多，那只是一个小小的开关，把它打开就行了。

点亮的那束光，是自我觉察，是感恩之心，是清醒的意识。是环顾四周，看到自己拥有的东西，并且知道，归根结底，你真的不需要太多东西，也能好好生活。

你曾经拥有更少，但也能笑到流泪。

你曾经拥有更少，但也坠入了爱河。

你曾经拥有更少，但每天早晨太阳依旧会升起。

重点不是你需要更多才能感到足够，而是你需要决定，对自己来说什么算是足够，这样你就可以停下来，不必再去努力赢得脑海中那场虚构出来的竞赛了。

当你决定了什么算是足够，你就不会再觉得，你必须要向自己证明自己。

以前，你会因为不知道别人是否认为你足够好而焦虑，现在你就可以从这种情绪中解脱出来了，因为这种想法正是你的不安全感的产生根源。

当你认为自己已经足够好，他人的衡量标准就没那么重要了。

当你不再用他人的眼光看待自己的生活，你就会渐渐看到、感受到、创造出所有你认为真正美好的东西。

当你决定了什么对你来说是足够的，你就会意识到，你一直是配得的，你一直有资格拥有自己的生活。

第 31 篇

9 个问题帮你充分利用每一天

我们的生活是一天天地积累而成的。如果对自己足够诚实，那么绝大多数人都会承认，自己并没有尽其所能，充分地利用每一天。

或许你曾经细致入微地管理时间，逼着自己机械地遵循严苛的时间表，但这只会让你感到更受束缚。不妨换个方式，问问自己以下这些问题，温柔地鼓励自己更好地利用每一天。

最好版本的我在今天会做些什么？

想象最好版本的自己是什么样子，能给人带来非常大的动力。然而，凭空想象那个形象可比听上去要难得多。就算想象出来，你也很难把那个理想化的形象变得具体。

一个更好的方法是，问问自己，最好版本的你在今天会做些什么？他会怎么利用这段时间？他会去哪里？他会完成什么，如何完成？

你会本能地知道答案。

今天，发生在我身上最好的事会是什么？

借由设想可能发生在我们身上的最美好的事，我们就可以让自己做好体验它的准备。在这种心态下，最美好的结果往往最有可能发生。

或许，最美好的是你终于可以踏踏实实地小睡一会儿，而这是你特别需要的。或许，是你愉快地走到户外去，安安静静地散了一会儿步。或许，是你完成了一个项目，而且它并没有你担心的那么累人。

从一开始就想好，今天可能发生的最美好的事是什么，然后一整天都记在心里。

有哪些事，我今天能比昨天做得更好？

成长是一点点积累起来的。我们不会在某一天醒来，就彻底改变自己的行为。相反，我们可以努力让自己每天只比前一天进步一点点，哪怕只有百分之一。

想一件事——无论多小都可以——你可以做得比昨天好那么一点点。或许是改善与伴侣或孩子的相处方式，在合理的时间下班，或许是动手做一顿你早就答应要做的饭。这些微小的进步最终会改变你的生活。

为了解决某个大问题，今天我能迈出哪一小步？

生活中之所以会有"最大的问题"，是因为它们感觉上或是看起来无法解决。而实际上，它们只是解决起来更复杂或者更耗时而已。

问问自己，今天你可以采取哪些步骤，朝着最大的目标前进一点点？或者，把一个困扰你的问题解决一点点？比如，还掉一点欠账，改善一点人际关系，或者是为自己的健康和幸福做点什么。

别想着在 24 小时内解决所有问题。相反，想想在接下来的这一天里，你能做出哪些小小的改变。这些改变虽然不起眼，却有可能影响到你未来几年的生活。

今天我必须完成什么？

当我们畅想所有的长期愿景，以及为实现它们要采取的步骤时，一定不能忘记最关键的一点：为了实现那些遥远的目标，我们今天必须完成哪些任务。

处理好这些关键任务，能让你正确地安排优先级，保持进度。我们不可能一下子完成所有事情，但如果每次优先处理一件，把所有事都做完的速度肯定比想象中快。

今天，我为生命中最重要的人做了什么？

谁是你生命中最重要的人呢？（是你自己也没问题）

今天你为他们做了什么？不一定非得是巨大的牺牲。可以简单到给他们打个电话，写封信（或是长一点的电子邮件），或者因为知道他们事务繁忙，就亲手做顿晚餐。

今天我能尝试什么新鲜事物？

当然，如果不冒险，人类永远也无法进化——如果今天不冒险，那要等到什么时候呢？

不一定是什么惊天动地的大事。想一想，你可以对今天的安排或每天的固定日程做出哪些小小的调整，好让自己去尝试一个"不确定自己是否会喜欢"的新体验呢？比如，听一个新歌单，做一道新菜，给某个很久没联系的人发个信息，或者尝试一项新爱好。留意自己的感受。

一年后我会记得今天吗？

对我们大多数人来说，在大多数日子里，答案是否定的。意识到这一点不仅很重要，也会让人相当释怀。

与其担心自己是失败还是成功，过得开心与否，意识到我们多半不会记得这具体的一天——就算是在很近的未来——能帮我们从"要把日子过得绝对完美"的压力中解脱出来。

我能做些什么让今天变得难忘？

话虽如此，有些日子确实会比另一些更难忘。如果我们有意识地挑战自己，或是以一种虽小却有意义的方式重写自己的故事，就能让平凡的一天对未来产生深远的影响。

第 32 篇

这一年，别再打那些不可能打赢的仗

请别再打那些不可能打赢的仗了。

请你别再通过不停买东西来获得自尊。请你别再说服无心爱你的人爱上你。请你别再操心那些你没法解决的问题。请你别再与无意倾听你的人争辩。

生活中有我们能打赢的仗，也有打不赢的仗。要是你明知某个游戏的唯一结局就是必输无疑，那你肯定不会点进去玩。所以，如果你跟自己玩的这些头脑游戏的唯一结局就是降低自己的生活质量，那你为什么还要继续玩下去呢？

当你为了不该由你解决的问题而担忧时，你就是在打一场不可能打赢的仗。你希望借助过度思考来控制他人的行为。你错误地认为，他们作何选择，都是你的责任。更糟的是，你认为身边每一个人都必须安然无恙，你才能感到安稳。这些想法只会剥夺你的力量和独立性。最终的结果只会是，你变得越来越狂躁，控制欲越来越强，把自己降格成了最糟糕的版本。

当你想通过买东西来获取自尊时，你就是在打一场不可能打赢的仗。你不停地把问题归咎于其他事物——再换一套大房子、多发一张自己的美照、多买一件新衣服、多做一次美容，你就能真正接纳自己了。你把自我价值感建立在身外之物上，而这些东西总是离你有一步之遥。除非你愿意静下心来，坦诚面对自己，明白自己的存在就意味着价值，否则，任何身外之物都无法让你感觉更好，它们只会让你离自己越来越远。

当你想说服别人爱上你时，你就是在打一场不可能打赢的仗。爱是自由流动的情感。如果一个人不能自然而然地爱你，那这份感情就不值得追求。如果你在迫切地渴望一个对你毫不在意的人的陪伴，那你最终得问问自己，在他为你做的事情中，有哪些是你自己做不到的？他让你感到安全吗？给你指引了方向吗？让你感到自己被需要吗？无论这些事是什么，你都要以一种真正可持续的方式来满足自己的这些需求。乞求来的爱不是爱，是依赖。

当你想和根本无意倾听你的人争论时，你就是在打一场不可能打赢的仗。没错，你当然不想放弃任何人，但最终你得意识到，当你想劝服一个人用他所抵触的方式思考，就算这对他有长远的好处，你为此倾注的精力也全部都是白费。如果一个人不愿意改变，那他就不会改变，无论你说什么或做什么都无济于事。

最终，你得作出决定：你需要足够关爱自己，不再打那些对你不公平的仗。

最终，你得作出决定：不再把时间和精力投入到那些永远不会给你任何回报的想法和人身上。最终，你得承认失败，中途止损。当你意识到，你绝无可能打赢一场原本就不属于你的战斗的时候，你并没有输——你自由了。

— *33* 篇 —

什么叫作真正善待自己

当我们想到"善意"时，常常会把它与"和善"混淆，但两者并不是一回事。

当我们展现出和善的时候，我们是温和的，波澜不惊的。我们不会惹人生气，不会引发冲突，不会指出任何重要的事，也不会说出该说的话。我们压抑自己自然且必要的反应，只为了不搅乱他人的平静水面——即便对方需要的恰恰是被搅乱。

我们之所以那样做，是因为说出别人需要听到的话，未必每次都是我们的职责。

我们的职责，是始终以这样的坦诚面对自己。

善待自己往往意味着去做你最不想做的事。

这往往意味着，要把未来的需求置于当下的欲望之上；这意味着从自我破坏的习惯中清醒过来，看见对自己有害的行为模式，学习自我疗愈；这意味着先设定好与自己的界限，再设定与他人的；这意味着看见自己的力量，并想起当初是如何忽略它的。

这才叫做善待自己。

其他一切都是分散注意力的手段。

最具善意的事，往往不是最容易做到的事。

它往往不会伴随着甜美的微笑和抚慰的双手。它往往不会让我们放松地安然睡去。真正的善意是一把火，将你从暗夜中唤醒。它是令你无法忽视的召唤。它是严厉的爱，是如其所是地看见事实真相。它是接纳，是选择，是收回原本属于自己的力量。

当我们真正善待自己时，实际上是在重新养育自己。

我们是在为自己做那些以前总是依赖别人为我们做的事，而且，我们这样做是为了自己长远的、总体的幸福。

我们是在给自己一个机会，去做那些正确但不容易的事。我们选择去做重要的事，而不是换个方式来麻痹自己，应对不适。

当我们开始着手解决问题的时候，不适感就会消失。

善待自己，就是足够爱自己，从而有勇气去解决问题。

善待自己，就是足够相信自己的潜力，从而可以作出更好的选择。它是足够关爱自己，因此决定不再委屈自己，决定去积极追求值得拥有的人生。它是为了现在的自己和未来的自己而勇敢争取。

世上没有人能像你一样善待你自己。

是的，通过理解、共情与同情，通过这个坚定不移的承诺：我要去做我生来注定要做的事，成为我生来注定要成为的人，创造出我命中注定要创造出的东西——我要为自己创造出一个这样的人生。

你注定要做到这些。

现在，你唯一需要做的，就是决定是否要做出这个选择。

— 第 *34* 篇 —

崩溃的时刻，亦是觉醒的时刻

当我们抵达崩溃的边缘，感到前所未有的迷茫时，这并不是因为每件事都变得不顺。

崩溃并非由某个单一的事件引发，而是一连串事件日积月累的结果，是终于到来的爆发时刻。在这个转折点上，我们再也不能继续否认现实了。

我们之所以会走到这一步，是因为我们已经记不起上次对自己的身体感到满意是在什么时候；是因为多年以来，我们一直面临同样的感情问题；是因为那些一直在侵蚀我们、阻挡我们的消极思维模式终于令我们忍无可忍，于是我们知道，是时候摆脱它们了。

表面上看，这种感受让人很不舒服，然而这就是我们一直在等待的、足以改变人生的神奇时刻。崩溃的关口，其实正是巨大突破的入口，我们只是还没有看到道路的另一端而已。

崩溃时刻的核心其实是觉醒。你终于意识到，原先的旧方法已经没办法继续带你前行了。

过去那么多年里，你一直讨厌自己，这是因为你的自我觉察能力还不够，没有认识到你值得拥有更好的状态，不应该一直生活在自我厌弃中，这就是为什么现在你会感到不舒服。

过去那么多年里，你的感情关系一直出问题，这是因为你还没有学会自我负责，不明白"谁痛苦，谁改变"的道理，这就是为什么现在你会感到不舒服。

过去那么多年里，消极的想法一直重重地压着你，这是因为你还没能做到足够爱自己，所以只得忍受自己对自己的霸凌，任由它阻挡你前进的脚步，这就是为什么现在你会感到不舒服。

可是，在每一种情况下，到最后你都醒了过来，并且意识到，是时候追求更广阔、更美好、更丰富的人生了。

当我们处在崩溃的边缘，好像每件事情都不顺，每件想做的事都不可能做成。可是，这种"不可能"，并不是事情真的不可能做成，而是因为你的真实感受终于浮出了水面——因为现在的你足够强大，可以去回应它们、治愈自己了。

就在巨大的转变发生之前，样样事情好似都绝无可能。

就在突破发生之前，样样事情好似都毫无希望。

就在一切终于拼合起来之前，样样事情好似都在分崩离析。

这听起来是如此违反直觉，但是，当我们感到最不舒服、最迷茫的时候，恰恰正是我们终于做足准备，开始做出所需的重大人生改变的时候。

当我们终于准备好，可以真正地面对和化解一切障碍的时候，我们也就准备好解放自己了。我们准备好去追求更多，因为我们知道，自己有能力拥有更多。

无论看起来有多么艰难，要知道，当你的情绪越来越低落，一切都好似变得前所未有的糟糕的时候，你很可能就要迎来释放、觉醒与和解，就要翻开人生的新篇章了。

第 35 篇

如果你不知道自己最想要什么，
就从最怕的事入手

人生中最重要的事，莫过于知道自己要什么，而最困难的往往也莫过于此。

在明确自己的终极目标——也就是你希望这一生能抵达的目的地——之前，你不大可能去建造一个支持它的活法。你会感到迷茫。日常的生活琐事显得空洞乏味，你体会到的不适感好似也并不值得，因为你看不见明确的回报。

在真正知道自己想要什么之前，你很难真正取得任何成就。

人类是非凡的，因为当我们知道自己真心想要什么的时候，就可以和近乎超自然的力量和意志力连接上。事实上，当我们清楚地知道什么至关重要，心中就会燃起熊熊火焰，把前路上的一切障碍都横扫一空。世上有那么多超人般的壮举：老妇人从着火的大楼里背出了钢琴，母亲拽掉车门救出孩子，还有那些意志最为坚定的人，他们排除万难，克服一切不利因素，朝着自己想要的生活奔去。

知道自己想要什么，这场仗就打赢了一半。

可是，没人教过我们如何搞明白自己想要什么。我们往往会发现，单凭坐下来干想，很难发现心中的热望，好像必须要深入到潜意识中搜寻才行，而我们能找到的，也不过是一些看上去不错、给人感觉也挺好的零碎片段，但它们无法真正点燃起我们真正需要的那团熊熊烈火。

此时，就该派恐惧出场了。

如果你不知道自己想要什么，那就从你最怕的事情入手。

你可能不知道自己渴望什么，但每一个人绝对都知道自己怕什么。

你最怕的那样东西，它的反面是什么？

你最怕的那个场景，可能发生的另一种结果是什么？

你最怕的那件事，*有可能得到的最好结果会是什么？*

这就是你想要的。

这就是你真正的渴望，它被掩藏在一层层的恐惧、抗拒和制约之下。这就是你最深层的欲望，它一直都在那里。

如果你害怕钱不够花，那么你的渴望是财务自由。如果你害怕失去爱，那么你的渴望是健康稳定的感情关系。如果你害怕这辈子碌碌无为，那么你的渴望是在工作和生活中找到使命。

每一个人绝对都知道自己真心想要什么——他们只是太害怕了，不敢去追求它。

你的渴望无须寻找，无须创造，甚至无须选择。拨开那一层层恐惧构成的屏障，你就会发现，它们自然而然地存在于你心间。

我们往往会把恐惧放到渴望该在的地方，当作对它的保护。我们是如此重视心中的渴望，如此想要它，以至于正视它、追求它变得风险太大。如果我们害怕它，在某种意义上，我们其实是在保护自己，因为我们甚至不给自己失败的机会。

但我们没有意识到的是，这种潜意识的防御机制没有任何益处。它并不能保护我们。事实上，这是最危险的应对机制，因为它令我们永远不敢去做此生注定要做的事，永远不敢活出梦想中的人生。这才是真正的风险。它剥夺了我们追求深层渴望的机会，因为我们拒绝看见这些渴望的真正模样。

当我们知道自己想要什么时，道路就会变得清晰，高山也会化作小丘。渴望是生活的驱动力，如果你觉得找不到它，就转去探寻自己心中的阴影吧。那些阴影往往只是想把光线遮住。

— 第 *36* 篇 —

使命是什么

如果你渴望找到使命感、意义感，或是某种征兆或证据，表明你正走在正确的道路上，那么，先弄明白使命究竟是什么，应该会对你有所帮助。

使命不一定非得轰轰烈烈，也不一定只能有一个。它包括但不限于一份工作、一个职位、一种职业或一种召唤。它不一定非得是你追求的艺术或从事的生意——虽然它常常体现在这些事情中。事实真相是，比起你对它的最初认知，使命往往更加复杂多变，而且也更加深入地根植在你的真实自我之中。

你的使命，是你已经在践行的事。

你的使命是你为自己赋予的角色。它是你拥有的人际关系，是你如何关照他人，他人又如何关照你。它是你如何给出爱，又如何接受爱，如何与一些人建立联结，又如何与另一些人分开。它不是你做的事，而是你做事的方式，日复一日，年复一年。

我们都曾经遇到过这样的人：他们犹如闪耀着明亮光芒的灯塔，心中蕴含的爱与善良从他们所做的每一件事中散发出来。我们在最意想不到的情况下与他们相遇，可他们常常给我们留下极为深刻的印象，以至于时至今日都难以忘怀。

这些人可能是给予我们指引的老师，是看见我们、支持我们的同伴——即便我们害怕他们会离开，他们也坚定地站在我们身边。这些人可能是敢于挑战世俗规则的父母，教会我们勇敢、忠诚或爱的真谛。他们可能是我们的友邻，以身作则展现出社区的意义，也可能是我们出门办事时偶遇的路人，却给了我们友善的微笑，暖心的话语，在我们身上，他们看见了我们自己都未曾察觉的潜质。

使命不只是我们做的事，更重要的，是我们成为了怎样的人。

每次你与他人互动的时候，都会创造出一个涟漪效应，足以波及整个人类社会。你无法想象，这张联结之网编织得有多么紧密，一个小小的善举能对整个世界产生多么深远的影响，一个灵魂向另一个灵魂展现出的真爱，能够多么强有力地影响到那个人与他今后遇到的每一个人的互动——而且这种影响是永恒的。

想想生命中那些对你影响最为深远的人。你肯定能发现，他们的做法并不显山露水，而是润物细无声地给予你、也教会你无条件的陪伴和支持。在他们的人生使命中，有一部分就是为你做到这一点。当然，他们的使命还包括无数个类似的部分：他们教导过的孩子、护理过的病人、帮助过的顾客、深爱过的伴侣。

他们之所以能履行这些职责，是因为他们把自身独特的爱融入了这些人生任务之中。

从这个角度来看，我们的首要使命就是成为自己。

我知道这听起来相当违反直觉，因为使命好像应当是完全无私的。但事实是，如果想让爱涌流而出，那么我们自己的内心需要先盛满爱。想要与人分享智慧，我们需要先领悟到智慧。想要与人建立联结，我们需要先弄懂联结的真意。你敬爱的那些人，那些指引你、爱你，帮助你成为今天的样子的人，都是这样做的。

如果你的使命就是你的工作，那真的很棒。

但这仍然不是你存在的唯一理由。

你最首要的任务就是成为你自己。一切收获，皆从这座花园中产出。

你的首要使命就是存在。

古怪，普通，非凡。

思考，感受，知晓，探索。

把自己塑造成一个令你自豪的人，哪怕没有一个人为你鼓掌喝彩。

唯有通过这种方式，我们才能让自己的使命最终惠及每一个我们认识的人、每一个与我们产生关联的人。我们用一个简单的微笑、一句欣赏的话语、一个暖心的爱的举动去治愈他人。当我们教育孩子或聆听祖先教诲的时候，我们治愈自己。当我们就像照顾他人一样，学着去照顾自己的时候，我们治愈自己。

当我们改变了自己的做事方式，而不是改变事情本身的时候，我们治愈自己。

当我们认识到，自从诞生的那一刻起，我们身上就满载着丰沛的潜质——将心中的爱扩展到所能触及的一切方向——我们就找到了自己的使命。

第 37 篇

放手的方法

你无法强迫自己放手，无论你多么确信自己想要这么做。

你无法把一样东西从脑海中驱赶出去，无论你多么不想让它继续留在那儿。

你没办法简简单单地松开手，放松一小会儿，然后下定决心，从此彻底不再想某件事——在此之前，你的整个世界可都在围着它转。

放手不是这样的。

旁人劝你要"往前走"的时候，当你意识到不得不承认失败的那一天，当你发现希望确实十分渺茫时，心里猛然一沉的那一秒⋯⋯在这样的时刻，你是不会放手的。

单凭下定决心，告诉自己从此再也不在乎那些往事，你是无法成功放手的。以为自己能做到的，都是从来不曾经历过念念不忘的人，他们从来不曾为了安全感、为了爱、为了未来而深切地依恋过某样东西。

听到有人轻描淡写地对你说，"放手吧"，你简直想发火。这种反应并没有错，因为他们没法理解你头脑中和心里的暴风骤雨。

此生你耗费了那么多时间，那么多心力，辛辛苦苦地维系、握紧，现在怎么可能说放掉就放掉，然后就像没事人一样恢复如初？

你确实不能。

你也不用这样做。

在这一天，你开始放手：你往前迈出一步，开始创建新生活，然后你任由自己躺在床上，盯着天花板，哭了出来，想哭多久就哭多久。

在这一天，你开始放手：你意识到自己不能再继续围着生命中的黑洞绕圈子了，重复此前的生活不再是你的选择。

在这一刻，你开始放手：你意识到这就是动力，这就是催化剂，这就是电影里演的、书本里写的、歌曲里唱的那个重要瞬间。

在这个瞬间，你意识到，站在过往的废墟上，你永远也找不到平和与安宁。

唯有当你开始创造新生活，你才能往前走。

当你全心全意地沉浸在创造中，你是如此投入，如此兴奋，不知不觉间，你忘记了过往。在这个时候，你松开了手。

当我们努力逼迫自己"放开"某样东西的时候，只会比之前抓握得更紧，更迫切。这就好比有人告诉你，不要去想一头白色大象，结果你满脑子里想的就只有白象。

心跟大脑是一样的，只要我们不断告诉自己"必须放手"，就会越发感到依恋。

所以，别告诉自己要放手。

相反，告诉自己想难过多久就难过多久。告诉自己，心可以碎成片，生活可以变得一团糟，日子可以过得七零八落。告诉自己，就算地基裂开了也没关系。

你会发现，你还站着。

在这劫难后的废墟上，你创建出来的新景象是如此叹为观止，意蕴深长，你会发现，或许这损失就是天意的一部分吧。或许它唤醒了你心中的某个部分——如果没有被逼到这个境地，没准这部分的你还在沉睡。

如果你很确定，你还无法放下那件令你受伤的事，那就别放。

但是，今天请你往前迈出一步。到了明天，再迈出一步。为了自己，重建新生。

一步接一步，一天又一天。

因为这一幕迟早会发生：有那么一个小时，你发现你没有想着那个人或那件事了。之后，是一天，一周……然后是好几年。恍然间半生过去，你以为会击碎你的每一件事都变成了遥远的回忆，你回头看看，一笑而过。

你失去的每样东西，都变成了你深深感激的。当时间渐渐过去，你看清了，原来那些东西并非道路，而是阻挡你前行的障碍。

第 38 篇

"失去"教给我们的事

在人生中，我们会成长，会收获，同样，我们也会失去、放弃、远离。

但我们对每种失去的反应并不相同。面对某些分离，我们会痛不欲生，而面对另一些的时候，虽然说不上心怀感激吧，却也能保持平静。这是有原因的。在这些事件的表面之下，深深潜藏着一股心理的暗流，而我们经常对它毫无察觉。

我们在人生中会经历三种类型的失去，每一种都会帮我们认识到自身的某些东西。

心碎

当所爱的人没能满足我们的期望，我们会感到心碎。比如，付出的感情没得到回应，或是在乎的某个人无法继续留在我们的生活中。心碎令我们感到脆弱。我们之所以会心"痛"，其实并不是因为某人真的伤害了我们，而是我们把心门关了起来，切断了联结，以保证自己安全。

心碎令人痛苦，但不会让人饱受煎熬。当我们被约会对象突然"拉黑"，或者被不太正式的男女朋友提出分手，我们会感到心碎。当我们失去一位家人，虽欣慰于他们终得安息，但我们也会心碎。虽然心碎的感觉犹如刺痛，但它并非不健康的事。它是我们对失去的自然反应。实际上，心碎教会我们爱的意义，让我们懂得感念生活中有人相伴——因为现在我们知道了，失去他们是多么容易。

依恋关系的破裂

与心碎不同，依恋关系破裂是指某个我们赖以获得基本稳定感或自我感的人离开了。人们很容易把依恋与爱混淆起来，但两者的区别在于，失去依恋的时候，我们会崩溃到无法正常生活，而这常常会成为催化剂，催生出某种激烈的或是突然发生的内在成长、个人发展或生活巨变。

当我们失去一个依恋的人，心理上会经历剧烈的解体过程，而且我们对自我、信念和人生定位的认知常常会发生巨大的转变。失去依恋的痛苦，实际上是面对旧日恐惧的痛苦——早在我们对离开的那个人产生依恋之前，我们就已经感受到那份恐惧了。那份恐惧往往源自我们心中的不稳定感、不确定感，或是对未来的迷茫。

依恋关系的破裂最终教会我们看见真正的自己，因为在努力维持这段关系的过程中，我们牺牲了自己许多的价值观和自我感。失去依恋之所以让人极度痛苦，并不是因为我们失去了这个人，而是因为我们失去了设想中的未来。

主动分离

最后，主动分离是指由于我们认识到某个人与自己不合适，或是这段关系对自己并无益处，于是心甘情愿地放手——即便这意味着在这个过程中我们也会感到心痛。主动分离源于真正的自我觉察和个人成长。它意味着，我们不会再因为恐惧而紧紧抓住那些不适合我们的东西。

主动分离往往也会令人心碎，或是引发那种失去依恋的感受，但区别在于，这是我们主动提出的分开，因为我们足够清醒地意识到，这段关系实际上对我们没有好处。而心碎和失去依恋往往是由于我们被别人抛弃，即便我们早已知道这段关系难以为继。主动分离是成熟的标志，意味着我们把未来的自己和长远的幸福放在首位。

主动分离教会我们如何先爱自己。它教会我们如何变得坚韧。它标志着我们的人生目标不再仅仅是保持舒适。它是自爱的绝佳体现。当我们知道一段关系不再适合自己的时候，主动提出分离，这标志着我们的稳定感和自我感从此不再依赖他人，而且，这往往也是第一个讯号，表明我们的心力变得比以往任何时候都强大，在情感上也比以往任何时候都自由。

如何撰写个人愿景宣言

在构建理想生活的时候，大多数人都做反了。

大多数人会从自己现在想要养成的习惯和需要做的日常事务着手，而不是去思考，为了在未来五年、十年或十五年内实现想要的目标，自己需要养成哪些习惯、完成哪些日常事务。

这就是以终为始的思维方式：你得先设想出最终成品的样子，然后再把各个部件组装起来。

就像公司或学校需要撰写愿景宣言一样，你也需要。你需要想明白，自己生活中最重要的纲领是什么，否则你永远也不会真正知道该朝哪个方向走。

愿景宣言和目标不一样。目标是具体的、有时间规划的、可衡量的，是你希望在某个时间点上取得的成果。它们明确、严谨，有点像梯子：目标与目标之间是循序渐进的，这一个把你带向下一个，就这样一步步逐级攀升。

而愿景是梯子顶端的东西。你的愿景不必特别具体，相反，它可以更灵活，更宽泛，更偏重于描绘你想要的感受是什么，而不是你想做的具体事情。

以下就是个例子：

我的内心每天都非常平静。我每周花两到三天时间，在自己热爱的领域从事咨询工作。我挣到的钱超出所需，我明智地投资和储蓄，并且把生活成本控制得很低。我有朋友和家人，和他们保持着健康有爱的人际关系，我每天都仔细呵护自己的身心，而且我坚信，借由我做的每一件事，从我日常的举动，到令我深深感到自豪的工作，我正在为周围的世界带来积极的影响。

把这些写在一张纸上，贴在电脑旁边，或是折起来放在钱包里，时刻带在身边。

个人愿景能在以下方面帮助你。

01 ｜做出更好的、与真实自我更契合的决策。

比方说，你正在考虑是应该接受升职，还是自己创业；是应该在本地买个房子，还是换个地方生活。或者更小一点的事吧：你在琢磨如何对付某个烦人的亲戚。当你清楚地知道自己的愿景是什么，就可以基于这个愿景作出这些决策。这会让你的生活保持在正轨上，始终朝着同一个方向发展。

02 | 为大脑绘制一张行动蓝图。

当你能够清晰地观想出最终目标时，就为大脑绘制出了一张行动蓝图，告诉它你想要和需要它怎么做。

要记得，你的生活在很大程度上是习惯性的：有许许多多你反复去做的事、渴求的事、令你感到舒适的事，都是你让自己习惯去喜欢或从中得到安全感的。你可以改写这些冲动，方法就是渐渐地养成新习惯，采取新做法，即便在改变初期你会感到不大舒服。

03 | 创造出真正的确定性。

最重要的是，在这个相当混乱的、不可预测的世界里，你的个人愿景会给你带来确定性和稳定感。当每个人都在争抢你的注意力的时候，它会提醒你，你想做的是什么，你想成为什么样的人，你的优先等级应该如何排定。

为了描绘出自己的愿景，你需要问自己以下问题：

你希望自己每天拥有什么样的感受？

你希望在人生终点时，最令你引以为傲的事情是什么？

你希望每天做着什么样的工作？

你希望别人如何铭记你？

你希望如何影响他人？

什么样的舒适生活会令你感到完整？

你希望在哪里度过每一天？

你希望拥有什么样的人际关系？

你希望拥有什么样的财务状况？

你希望自己的衣橱是什么样的？

你希望自己的家是什么样的？

你可以接着这些问题继续展开。

请记住几点：首先，你的愿景不需要"现实"。与你的现状相比，哪怕它看上去很不现实也可以。这是因为，为了改变现实，你恰恰需要跳出目前的处境来思考。其次，不要指望一切在瞬间改变。你的人生是持续不断地渐次展开的。最后，请记住，你的愿景可以随着你的改变而改变。你完全可以成长，完全可以重新选择，不必把自己绑定在曾经想要的事物上。

　　大胆地、自由地去决定你想成为什么样的人，想拥有什么样的生活。

第 40 篇

你不会意识到自己正在绽放，
但绽放总会发生

你多半不会察觉到，自己将在哪一刻开始改变。你多半无从知晓，自己会在哪一天遇到某个人，从此永远改变了人生的轨迹。你可能不会马上明白，勇敢地选择未来的自己，而非受制于当下的恐惧，能带来怎样的馈赠。

但这一切仍会发生。

你总会绽放的，因为这是你注定要做的事。所有那些抗拒、恐惧与否认，它们只是成长的阵痛，是整个过程的一部分。

你会体验到快乐、伤痛与治愈，这一切都在同时发生。你会去到那些你从未预料到的地方，却又发现，自己仍然会受到故地的吸引——那些你以为无法以足够快的速度摆脱的地方。

你会完成那些无比勇敢的、连做梦都不敢想的伟大壮举，同时也要与相伴一生的小小心魔继续角力。你会遇到一个人，他让你感受到前所未有的安宁，而这个人也会让光芒照耀到你苦心掩盖的每一个角落。

成为自己，不是一条光滑上扬、一路通往幸福的直线。我们不会只朝着一个方向成长。当我们的生活变得开阔起来，便会朝着四面八方延展开去。我们会触碰更多，感受更多，知晓更多，看见更多，成为更多。

当我们拥有了更多有可能失去的东西，就会心生恐惧。当我们不得不离开舒适区，就会渴求熟悉。没有任何成就、人际关系、城市或工作能让我们远离人性。没有任何东西能让我们对情绪免疫——悲伤时，我们就是会感受到哀痛；遭遇不公时，我们就是会感受到愤怒；付出太多却收获太少时，我们就是会心生怨憎。

但这并不意味着我们没有变得更好。这并不意味着我们在倒退或是重拾旧习。有时，能再次感受到多年都不曾想起的那些情绪，本身就是一种治愈。有时，愿意为简单而美好的事物落泪，就是一种了悟。有时，与自己成为朋友，就是最重要的那一步。

在自然界中，破旧方可立新。要先深深扎根，花朵才能绽放。要先经历寒冬，将过往的残迹消弭殆尽，春天才会到来。毛毛虫要先在蛹内隔绝数周，才能化作展翼翩跹的蝴蝶；恒星要先经历自身的坍缩，才能变成超新星。

当我们勇敢地直面心中最深的恐惧，最具突破性的成长就会紧接着到来。

唯有我们愿意尝试，敢于失败，意义最深远的进步才会发生。当我们没有任何东西可以失去的时候，也就拥有了得到一切的机会。

当我们遭遇心碎，不想再做从前的自己，我们就可以自由地成为一直想成为的人。当梦想破灭，未来充满了不确定，我们就不再受限于为过去的自己制订的计划。当事情没有如我们预想的那样发展，往往是因为我们并不像想象中那样擅长此事，没有像以为的那样热爱它，或是它的益处并没有我们设想中那么大。

成为自己的过程并不光鲜华丽，也不轻松愉快。它需要我们偏离轻松的道路，离开安稳的轨迹，甘冒一切风险，尝试一切可能。

在你确信自己已经失败、已经落后的时候，你会悄然绽放。当你被自己的生活猛然惊醒，你就处在了彻底蜕变的边缘。这个过程不容易，也不美好，但你终将抵达道路的那一头，然后发现，原来自始至终，一切都自有缘由、自有节奏、自有规划、自有方向。

你一直在成为你注定要成为的人，即便当时你并未意识到。你以为那些令你偏离了轨道的事，其实是在帮助你成长。事实上，正是它们引领着你终回正轨。

第 41 篇

困住你的 7 种思维模式

你的想法塑造了你的认知，而你的认知创造出你的现实。

你的思维模式决定了你认为自己能做到什么，进而决定了你选择去追求什么。

每当你有所成长，或是生活得到改善，都是因为你调整或修正了某种思维模式。有些思维模式在你看来可能显而易见，另一些则不然。以下就是一些最不容易发现的模式，它们会妨碍你发挥潜力，可是你往往毫无察觉。

01 ｜"生活中就算有好事，也会被坏事抵消。"

年轻的时候，我们几乎无法掌控生活中的任何事情。我们总是处在不舒服的状态中，对此我们找到的解释是：生活的本质就是艰难的。

随着我们慢慢长大，世界上那些戏剧化的、消极负面的事件令我们愈发相信这个观念。看到人们不得不承受那些毁灭性的苦难，我们心想，真的，一点没错，生活是艰难的！我们更容易用一两件发生在自己身上的"坏事"来定义过去的五年，却无视了成百上千件确实发生了的好事。

这就是消极偏见，它会渗透到我们日常生活的选择中，阻碍我们的长期发展。

我们留在讨厌的工作岗位上，因为生活艰难啊。我们留在令人窒息的感情关系中，因为生活艰难啊。我们认为，麻木地、憋屈地活着是正常的，原因还是同一个——因为生活艰难啊。

当生活开始好转，我们却不会相信。经过了多年的自我规训，我们认定，这不过是几个屈指可数的美好时刻，而且必定稍纵即逝，坏事会无可避免地到来，打我们个措手不及。

不是这样的。

当我们的生活出现改善，那就是真的改善了。好事情会积累起来，我们会变得越来越稳定。我们活得越是稳定，就越不容易遭遇那些我们能够掌控的"负面"经历，同时也会更有能力应对那些无法掌控的事情。

02 ｜"为了过上喜欢的生活，我必须先做讨厌的事。"

"生活艰难，我只能干等着下一个困难来临"，与此类似的一个信念是，为了过上喜欢的生活，我们就必须做自己讨厌的事。

如果我们从未接触过那些活得很独立、用非传统的方式赚钱，或是生活在全然的平静与充实中的人，就会认为那些生活方式是不可能实现的。我们回到了二元对立的思维模式中：行吧，如果我想要更多的时间和自由，就必须忍受这份不喜欢的工作带来的压力和痛苦。

这又是一种侵蚀生活品质的思维模式。

你不可能借由讨厌的事，过上热爱的生活。事实恰恰相反。

03 ｜"我身边出现的每一个问题，我都有责任解决。"

如果你心里压抑着很多焦虑，那这个思维模式会令你格外苦恼。心中怀有焦虑的时候，你会不停地检视周围的环境，寻找潜在的威胁和危险。一旦发现一个，你就会没完没了地惦记着它，直到想出某种应急策略或是能完全掌控局面为止。

当然了，这种做法会一直奏效，直到你碰壁为止。

直到你遇到一个会对你造成影响却完全不在你掌控范围内的问题。

然后，你陷入危机。

仅仅因为你能够共情别人的痛苦，并不意味着你就要承担起他们的重负。

仅仅因为你看到有人在挣扎，并不意味着你要牺牲自己去解决问题。

仅仅因为不是你身边每一个人都活得丰盛，并不意味着你就得压制自己对丰盛的渴望。

事实上，恰恰相反。

如果你因为看到周围人们的负面事例而裹足不前，那你只会进一步压制自己的渴望。

相反，你必须分清哪些问题是你有责任解决的，哪些不是。区别就在于，问题是否在你的影响范围之内。如果某件事不在你的影响范围内，或者有一小部分在，那就制定一个备用计划（"如果发生那种情况，我就这么做"），然后继续前行。

否则，你会耗上一辈子的时间去跟那些你没法解决的问题缠斗，因为它们实际上并不属于你。

04｜"这个世界充斥着这么多苦难，我怎能奢求富足的生活。"

有太多人陷在这样的心态中：在这个充斥着这么多痛苦和苦难的世界上，我凭什么要求过上幸福充实的生活？

回答是：你凭什么不呢？

假设你确实没有活得幸福充实，那你有帮助到任何人吗？你有推动人类进步吗？你解决那些困扰你的问题了吗？

当然没有。

这个世界需要更多心怀善意的人，在少有人走的道路上高举起火把。我们需要向彼此证明，幸福是可能的，富足触手可及，我们完全可以去细细品味生活中的每一个神奇瞬间。

我们不需要更多的人因为世界的伤痛而压抑自己，我们需要更多的人证明，即便世界满是伤痛，我们依然可以翩翩起舞。

05"｜人际关系是艰难的，而且理应如此。"

人际关系本不该是艰难的。它注定很有挑战，但不该令人痛不欲生。

我们身边的人会改变我们，塑造我们，成就我们。如果说"他人即地狱"，那么他人也可能是天堂。磕磕碰碰在所难免，但关系应该是你生活中的积极力量——如果不是，那可能意味着哪里出了问题。

你大概会认为这不可能，那是因为你还没有经历过顺畅多于摩擦的感情关系，还没有遇上默契多过纷争的挚友知己。但这些都是有可能的，这样的人际关系确实是*存在*的，我认识很多拥有这样的爱情和友情的人。

如果你还没有，别担心，会有的。

可是，如果你总是认为，每一个人都糟糕透顶，简直快把你逼疯，而且最终总会抛弃你，那你肯定不会拥有和谐的人际关系。调整你对人际关系的认知，你的人际关系也会随之改变。

06 ｜ "我必须成功才能幸福；我必须漂亮才能被爱。"

我明白，成功与幸福似乎总是紧紧相连，所以实现了前者就必定能得到后者。可是，我们对"何为成功"的理解从一开始就很浮夸，到最后必定也毫无意义。

成功，就是用自己的方式过一生，在每一天中寻获满足。仅此而已。其余的一切都不过是锦上添花。它不是你生活的目的，也不是快乐的前提。

你不一定非得成功才能幸福。同样，你不一定非得漂亮才能被爱。

下面的话可能不大中听，可是，世上确实有不漂亮的人也活得完整又幸福，拥有深爱他们、支持他们的伴侣。为什么？因为"情人眼里出西施"啊，确实是这样的。爱远比皮相上的漂亮深刻得多。生活也比成功深刻得多。

成功与美丽激发出人们最积极热烈的追求，从某种角度上说，它们也是资本的阴谋。它们仰仗的是"我不够好"的感受，因此你会不停地投资，以求改进。可这种改进既不真诚也不深刻，只是表面功夫而已。

如果你决定，自己不需要非得取得成功，也不需要非得变美，那这个行为真是充满了非凡的力量。讽刺的是，对这种观点的接纳，本身就体现出了最真的成功和美。

07 | "我就是别人对我的看法的总和。"

你对自己的看法很可能不是独立形成的。事实上，你看待自己的方式很可能只是"你认为别人如何看待你"的总和。

有时候，你通过别人对你说的话或对待你的方式察觉到这一点；有时候，它是一种投射，一种主观的臆测（你想象别人会如何看待你）。

无论哪种方式，你都是一个完整独立的个体，不依赖于别人的看法而存在。如果你认为自己只不过是别人看待你的方式的总和，那你这辈子过得肯定非常空虚。

请你有意地独处一段时间。

去探索一下，当你身边没有别人在的时候，你是谁。

去探索一下，当身边没有人告诉你应该喜欢什么的时候，你喜欢什么。

去探索一下，当身边没有人告诉你应该想要什么的时候，你想要什么。

去探索一下，当身边没有人告诉你应该如何生活的时候，你会如何生活。

当你用自己的眼睛，看到了自己真正的样子，最终你会改变世人看待你的方式。你不再去迎合别人的期待，而是开始依照自己的期待而活。

— 第 *42* 篇 —

失去感情关系意味着什么

如果你总是陷在失去的感情中出不来，让你难过的并不是那个人不再出现在你生活中了，而是你对未来生活的设想落空了，你本以为那个人会出现在那个画面里，但如今他不在了。

你认为自己会"失去"一段感情，这个看法来自于，你认为自己能"得到"一段感情——当你足够优秀、足够聪明、足够漂亮、条件好到足以把一切竞争对手都比下去的时候。

可是，人生的运作机制不是这样。

你不会失去感情关系，你只会不再需要它了——因为你已经成长，它不再适合你了。没有哪条规矩规定，你遇到的每一个人都必须留在你的生活中，直到永远。事实上，只有非常非常少的人能从头到尾陪你走完全程。

这不是因为你的缺点太多，不值得被爱。这不是因为你拥有的每段关系都注定要以破裂告终。

这是因为，在这一生中，你会成长，你会改变。

你会变得不同。关系会来到你的生命中，自然而然地发展，以某种重要的方式改变你，然后离你而去。

关系不是抵御孤独的屏障。你不能为了确保尽可能多的人不离开你，就把自己变得和善、宽容、讨人喜欢。关系会来，也会走，这就是它的天性。

有时候，它们走得很快。有时候，它们走了，还给你留下阵阵刺痛。有时候它们会慢慢消散，有时候它们骤然结束，令你措手不及。有时候，你甚至都没意识到发生了什么，直到一切为时已晚。有时候，你看见了警告的讯号，躲开了一粒子弹。有时候，你努力挽回，却发现已经没有什么可挽回的了。有时候，你主动做出选择。有时候，你别无选择。

然而，无论属于哪种情况，假如一段关系离开了你的生活，那必定是有原因的。你已经成长、改变，这段关系中的某些部分已经不再适合你，或是已经对你无益。

有时是你的过错，有时不是。回顾发生的一切，并为自己的过错负责，是疗愈和成长过程中的重要环节。

但是，如果你因每一段离去的关系而痛苦，那就是浪费时间了。这种痛苦源自一个错误的观念：如果你足够好，那么每个人都必定会留下。

但他们不会。

到了该结束的时候，关系就会结束。到了需要离开的时候，它就会离开。

你独自来到这个世界，你也将独自离开。你在这段旅途中遇到的人，无论他们留下的时间是多么短暂，也都是为了引导你更加坦诚平和地面对自己。

无论一个人的离去引发出了你的何种情绪，都不是他该解决的问题。这是你该解决的问题。这就好比你想用某个人去填补一个空洞，可那个人不想在你人生中扮演这个角色。这意味着你无权把他摆在那个位置上，还要求他留下，当他不肯留下时，你还责怪他。

有时候，人们离开的方式，就是你需要修习的功课。

有时候，他们的离开是你必须拥有的经历——如果你想收回自己的力量，那么这个经历就必不可少。

有时候，意识到自己是多么自私、多么缺乏觉察能力，就是别人能给予你的最好礼物，而且唯有当你经历了当头棒喝，这份礼物才会随之现身。

不再是你生活一部分的，也必定不再是你生活所需……即便你现在还看不到那么远。

离开你的人，必定不是你此生良伴；他们离开你，也未必都是你的错；那些与你渐行渐远的，你也不必为之心碎。接纳人生的起伏无常，你才能学会该如何对待生命中出现的人——当你拥有他们的时候，好好去爱，当你不再拥有他们的时候，也心怀感恩。

第 43 篇

当你正在等待暴风雨过去

当你正在等待生命中这场暴风雨过去，无论它是什么，我希望你回想自己经历过的每一场暴风雨。

我希望你清晰地想起每一个这样的场景：你万分确信自己就要完蛋了；你慌得手足无措，根本不知道该如何度过接下来这几个月；你彻底迷失了方向，压根没法想象一年后的自己会在做什么。

我希望你回想截止到目前这一刻，你所经历过的其他事情，那些你曾经以为是世界末日的事，然后想起，其实最糟的并不是事情本身，而是你对它的恐惧。

是的，最糟的莫过于恐惧。

每一次你发誓自己无法从伤痛中复原，可你都复原了。每一次你害怕自己绝对扛不过去，可你都扛过去了。每一件你确信会要了你命的事情，都渐渐地随着时间过去了。

每当你遇到了生命中的困难、挑战或恐惧，你都得到了一个机会——认识到这场暴风雨发生在你的内在，而非外界。没有什么可逃避和躲藏的。你现在面临的最大危险，就是因为恐惧而不敢采取行动。

因为生活中总有各种事情发生。关系会结束，工作会终结，深爱的人会消失不见。城市会变样，人们会搬家，世界会不停改变。

你不是在接受惩罚，也没有遭受试炼。你不需要拼命努力才能挣得内心的平静，也不需要为了你从没做过的事而忏悔。

这很可能是改变你生命中一切的时刻，因为唯有置身于暴风雨中，你才会意识到，自己拥有摆脱它的力量。

这句话，不是每一个人都能接受的，不是每一个人都愿意听。

到最后，你不得不意识到，生命中最大的挑战就是自己的心态。它是否允许你享受当下；能否在品味当下的同时，欣然为未来做好准备；在你面对未知的时候，它是否束缚住了你的手脚，让你无法动弹。

我们每个人都要面对变化，无一例外。正是我们的反应的品质高低，决定了我们受苦的程度。

有句话说，当你走出风暴，就从此变得不同，而这正是经历风暴的意义所在。但很少有人意识到的是，恰恰是因为你变得不同了，风暴才会结束。

生活顺着你改变的方向改变。

当你心中的波澜平息，暴风雨往往就会过去。

第 44 篇

追求完美，是因为渴求安全

关于"完美"的真相是，我们追求它，只是为了避免别人因为我们不完美而伤害我们。

我们追求完美，不是因为它是自我的真实表达。我们把完美当作挡箭牌，防御的不只是别人的潜在批评，还有我们自己心中的声音——在内心深处我们知道，正在做的这件事与真实的自我并不一致。当你知道一件事在底层上不对劲的时候，把表面弄得完美无缺会让人安心不少。

你真的认为，你需要担心别人对你生活的细枝末节怎么看吗？还是你需要活得轻松敞亮，充满生机？你真的想把自尊绑定在你臆想出来的、他人对你的看法上，还是想要在一天结束的时候，以自己的方式感到自豪？你想活得让每一个人都挑不出错来，还是想让内心洋溢着无尽喜悦，以至于别人的一切看法都显得无足轻重？

放下对完美的执着，不会令你失控。完美从一开始就是假象，放下它，你才能真正回归自我。这不会阻挡你追求使命，因为我们眼中那些无可挑剔的天才，都处在最深刻、最天然的本真状态——无论是艺术家、普通人，还是伴侣、爱人，他们都敢于创作出能真正打动自己的作品，或是成为最真实的自己。要想达到这种境界，不是通过对无懈可击的不倦追求，而是要活得生机勃勃，活得真实畅快。

完美和卓越不是一回事。

当我们执着于事物的表象，我们追求的是完美；当我们着眼于事物的真相，我们创造出卓越。

我们会因山脉的广袤壮丽而惊叹，会被感染力极强的演唱或艺术作品打动落泪，会对大自然或人性心生敬畏，这些都是有原因的。

美的事物令我们感到平和、自在。

从视觉上看，它们有秩序，有条理。

即便没有秩序和条理，它们的宏大和重要也会让人感到，就算不完全合理，也照样非同凡响。

我们想把同样的逻辑运用到生活中，也就是说，只要让生活看起来合理，它就会变得合理吧。可是我们想错了。现实是，令我们感到平和自在的，并不是脑海中描绘出的完美画面，而是真诚、实在、天然的美。

这种美，往往非常不完美。

我们忽略的是，无论是何种力量创造出了那些山脉，都不是为了让我们看到它时心有所感。歌手必须要克服"听众会怎么想"的恐惧，全然忘我地沉浸在歌唱中。重点在于，这些没有一样是真正完美的，它们只是被允许自然地呈现出本真的样子。

我希望你能找到勇气，去过一种不完美的人生。

我希望你能够看到，你追求的从来都不是完美。完美是对一个你不敢问出的问题的回答。完美从来都是一条捷径，是你说服自己的手段——你足够好了，有资格活着了。

我希望你能选择你明知正确的那条路。

不是能让你顺畅无虞地走完一生的那条路；不是能让你认为，即便你不在场，别人也会为你欢呼喝彩的那条路；不是在你想象中能成为一条高赞帖子、以最好的方式总结你的经历、报复所有怀疑过你的人并且让你余生都过上幸福（但肤浅）生活的那条路。

我希望你能渐渐明白，你可以去追求真相，而非追求完美。

真相中有高峰，也有低谷，它杂乱无章，却也璀璨夺目。它才是最重要、最根本的东西。它是活得与自己最真实的价值观相符，是满足自己最深的需求。它关注的是事物的本质，而非表象。

这不是在某一天醒来，就忽然决定你从此不再在乎别人的看法，而是想清楚你会重视哪些人的意见，哪些人的意见真的对你很重要。这不是在某一天醒来，就选择没心没肺地活着，毫不关心一个人的行为会对他人产生怎样的影响，而是决定要更有意识地践行自己的价值观，不被下意识的反应所左右。这不是盲目地相信，一旦你作出巨大转变，开始活出自己的人生，那么你遇到的每一个人都会非常理解你，而是你已经想通，无论理解与否，都取决于他们的认知，而你的生活质量取决于你自己。

我们生来就需要建立联结。我们之所以渴求它，不仅是为了感到安全，还因为联结是生命最根本的事实真相——我们和万事万物一样，同属于一个整体，在根本上我们是相同的。然而，若是只看表面，这一点很容易被忽略。当我们竭力说服他人，我们是多么有价值，多么值得他们付出时间、注意力和爱的时候，我们就切断了这种联结。

唯有先与自己建立联结，我们追寻的那些东西才会来到身边。唯有当我们认识到，我们的存在即是最大的价值，它们才会留驻在我们生活中。对于那些注定会爱你的人来说，你不需要做任何额外的事去说服他们留下来。如果你们在双向奔赴——你在寻找，而对方也想给——那么联结会自然而然地发生。

我们之所以会迷失，是因为我们想要说服那些原本无意爱我们的人来爱我们。

我们常常舍本逐末，不去追寻真正重要的事物，却热衷于追求诸多无足轻重的东西。我们舍弃了关键所在，转而追逐数量和规模。当我们无法得到某个在乎的人的爱，就想用很多很多其他人的爱来填补空缺。这就是完美主义滋生的根源。

看日出的时候，你不会去想，是不是每一缕光线都发挥出了自身的最大潜力。你不会去批评暴雨没能把每颗水滴都精准地洒落在最干旱的土地。你不会用"这辈子是否完美无缺地做到了每一件事"的标准来评价他人。正是他们的存在本身，令这一切变得美好且有价值。

你能学着以同样的方式看待自己吗？

第 45 篇

你在过度矫正自己的生活吗

小时候，你被教导要压抑自己的本能。

天真纯稚的你觉得自己挺好的，可随即人们开始教育你，说你不好。当然，这并非是有意为之。渐渐地，你接受了外界的规则，认同了身边人们的期望。你看到了他们喜欢什么、不喜欢什么，谁被嘲笑、谁被接纳。

小时候，你看着镜中的自己，满心好奇。

你从商店的货架上挑一件衣服穿上，因为你喜欢它。

你饿了，就会要吃的。

你想到了一个主意，就付诸行动。

你自然而然地富有创造力，与世界相联结，做最本真的自己。

然而，当别人开始纠正你，告诉你该如何穿衣、如何行事、该成为什么样的人时，你渐渐意识到，原来你关于自己的天生认知是错的。就这样，你与自己的天然情绪导航系统脱了节。显然，若要评价你的生活品质，你自己的看法是不足信的。

成年后，当你看着镜中的自己，你很可能不喜欢那个人。

你从商店里挑选衣服的时候，标准变成它能不能把你最不喜欢的身体部位隐藏起来。

你觉得肚子有点饿了，但你质疑这种感受，然后你开始质疑自己想吃什么，甚至开始质疑你究竟应不应该吃东西。

你知道自己热爱什么，却觉得自己不够好，没资格全情投入。

你知道自己想要什么，却拿不准别人会怎么想，当你假定自己会因为做这件事而被人嘲笑的时候，你放弃了尝试。

这些都是后天习得的行为。

如果你和绝大多数人一样，那么你和自己达成的"标准操作协议"就是，你的基础本能是不可信的。你认为其他人的意见才是对的，必须被摆在首位。

你心想：要是我相信了自己，就会毁了自己的生活。

你以为，要是你真的"放飞自我"——要是你真的追随了自己的内心和真相——你就会被情绪左右，生活就会分崩离析。

真的是这样吗？最本真、最满足的那个你真的会这么做吗？多半不会。当我们承受了太多压抑和疏离，终于到达崩溃点的时候才会那么做。因为我们已经忍无可忍，只能爆发了。

别人教育你说，你天然的本能与直觉是错的，如果你真的听信了它们，必定会彻底放纵自我。这就是社会教化的运作方式。它令你相信，你最本真的自我充满恶意，你只有厌恶自己，才能让一切维持正常。

就这样，你不再懂得如何评判周围的事物，不再相信自己的判断和观点。然后，你不知不觉地陷入了一种最隐蔽的、破坏性最强的自我破坏行为。

当我们过度补偿的时候，是想弥补自认为缺少的东西。而当我们过度矫正的时候，是想修复那些坏掉的东西——尽管它们并没有真的坏掉。

过度补偿比较容易察觉。我们多多少少能感觉到，当一个人过分炫耀自己的生活方式的时候，他必定——在某种程度上——因差劲的自我形象而痛苦。

但过度矫正就很隐蔽了，因为它会伪装成谦逊和自我提升。在现实中，过度矫正会慢慢偷走你的生活，让你陷在"认为自己还不够好"的循环中。

当我们过度矫正的时候，第一步就是假定自己生活的方方面面都存在根本性的缺陷。我们觉得，只有把一切能修正的都修正了，生活才能真正开始。

于是，我们不是去努力建立健康的生活规律，而是把日程表塞得满满当当，直逼自己忍耐力和理智的极限，想要达到人类能达到的最高效率。

我们不是去努力改善自己的外表，而是去把自己重新塑造成一个完美的理想形象——在达成这个目标之前，甚至要远离正常生活。

我们不是去发展人际关系，而是执着于谁爱自己或谁不爱自己，自己有多少朋友，或是人脉圈子看上去有多广，而不是着眼于真正的情感联结。

过度矫正之所以会发生，是因为我们对"足够"没有概念——我们不知道，对自己来说多少算是足够。

如果有人告诉我们，我们需要在某个方面作出改进，我们就会相信他。

我们太容易被这种意见左右了，以至于整个行业都能围绕着这一点建立起来：他们诱使我们相信自己有问题、有缺点，然后把他们制造出来的、能够"解决问题"的产品卖给我们。

我们之所以容易被操纵，是因为我们不再具备天然的直觉，无法去感知哪些东西真的让自己感觉很好，于是我们就认定，必须要不断搜寻、不断修补，直到一切都完美无缺。

问题不在于我们的外在生活不够好，而是在于，我们与内在感知"足够"的能力失联了。因此，我们虚掷了金钱、时间和精力，无谓地忍受痛苦，希望那种"足够"的感受有朝一日能回来。

有很多人确实需要改变自己的生活。但是，如果你面临的问题是真实的，那么采取行动就行了，终归有一天能把问题解决掉。从这一点上你就能看出区别：过度矫正是一场永不会结束的战役，它没有终点，永远不会有。而真实的问题终归有解决的那一天。

如果出现以下这些表现，那就说明我们在过度矫正：

- 我们反复纠结一个问题，可别人好像都不觉得它有那么严重。

- 我们对这个问题感到特别羞耻，因此把自己封闭起来，在问题解决之前要一直躲起来。

- 我们要等问题解决了，才能"开始"生活。

- 我们总是在尝试解决这个问题，却始终没能真正解决它。

- 无论我们采取了多少行动，基本上还是在原地踏步。

过度矫正还会导致成瘾行为或其他形式的自我伤害，这些行为要么是为了逃避，或是转移注意力，要么就是"好像能解决问题"（比如购物，或者不断换地方去"寻找新机会"，却从不真正安定下来）。

当我们过度矫正的时候，会为自己设定不可能达到的标准。之所以说不可能，是因为这些标准压根就是不健康的。

这是因为，过去我们按照别人教导的、可接受的方式行事，当这些方式没有带来预期的结果时，我们就认为，无论怎么努力都是不够的。于是我们越来越相信，生存的唯一方式，就是要不断地向自己证明自己。

我们之所以过度矫正自己，是因为我们曾经被过度矫正。

这是一个后天习得的行为。

父母或监护人过度矫正你，是为了避免与真实的你建立联结，因为那个真实的你让他们感到不舒服（这很可能是因为他们自己的父母也是这样对待他们的）。可是，问题却被归咎到了你身上。

你努力变得更好，不是真的为了变好。

你努力变得更好，是为了向别人证明，你值得他们的关注、爱或时间。

这就是为什么过度矫正会变成一个特别糟糕的恶性循环：你的价值由一个抽象的看法决定——你认为别人会怎么看待你。而这是一种主观臆测。你没法知道别人真正的想法，所以你就会往最坏的地方想，然后据此行动。

然后你学会了过度警惕。渐渐地，你不断调整自己，让自己一心只盯着负面的东西，以至于再也看不见其他的。

你把别人伤害你的方法用在自己身上，这样一来，就没人能再用它来伤害你了。

你以为自己是在先发制人。要是你能先在自己身上找出所有别人可能发现的缺点，然后把它们一一改正，那别人就不会令你失望，就不会拒绝你或伤害你了。就像电影《8英里》（*8 Mile*）演的那样，你把自己所有的缺陷都摆到明面上。

可是，这不是真实世界的逻辑，连边都沾不上。

别人教导你说，因为你不完美，所以你得不到情感联结。成年后，你把这个教导解读为，因为你不完美，所以你不能开展自己的人生。

你要么不知道如何建立情感联结，要么不信任它。

你的生活陷入停滞，你拼命去改正一个压根就不是问题的问题，而这意味着，你永远得不到真正想要的结果。你只会一直沮丧下去，一直等待下去。

过度矫正的根源是觉得自己不够好。你不需要强迫自己停止过度矫正的行为——你只需要让自己相信，你已经足够好。

这听起来很难，但其实很简单。以下就是践行的方法。

01 ｜重新找回自己的真实看法

如果你觉得很难一下子想清楚自己的真实感受，那就从小事做起。

尝尝没吃过的食物，看自己喜不喜欢。听一张全新的歌单，看自己喜不喜欢。去看个电影，诚实地评价它。别去想其他人是否喜欢，只需关注自己的身体和内心有何感受，自己有什么看法就可以了。

当你开始从小事做起，跟自己的真实看法重新建立联结，就会慢慢修复自己的本能和直觉。

02 ｜关注自己最基本的本能需求

留意自己什么时候饿了、渴了或累了。

就这么简单。

当你感受到这三种需求中的任何一种，就记下来，条件允许的时候，就去吃饭、喝水和休息。

不幸的是，在过度矫正的过程中，这些生存层面的本能需求都被我们屏蔽了。想想你认识的人，有多少人大部分时间都处在饥饿、缺水和筋疲力尽的状态中？大概有很多吧。

开始重视那些你能感知到的本能感受，然后及时作出回应。

03 ｜赞扬别人

这一条看起来好像完全违背常理，可是，要想觉得自己足够好，你就必须先认可别人。

当你评判别人的时候（每个人都会这么做），本质上是在给自己设定规则。如果你看到了一个成功的人，心里有点嫉妒，然后你对自己说，哼，他也没那么了不起嘛，那么你就设定了一个标准：你必须做得比他更好，才算得上足够好。

渐渐地，这个标准变得如此之高，以至于你绝无可能达到。

你真正想做的，是比那些人更优秀，因为你依然认为，价值和情感联结都是竞争，是能够争出输赢的事。

相反，如果你开始支持、欣赏和认可他人，赞扬他们的为人、外貌和所做的事，那这份善意会自然而然地返回到你自己的生活中。

04 ｜别把一切问题都揽到自己身上

正是这一点导致了过度矫正。

你周围的人把他们自己的问题投射到你身上，然后你就把这些问题接了过来，当成了自己的。

有人说："我永远不会穿那种衣服。"你就理解成："那我也不应该穿。"

你把不属于你的情境变成了自己的。你常常这么做，以至于到最后，你用一大堆并不属于你的规则和期望来掌管自己的人生。它们现在不是你的，以前也从来不属于你。

请记住，别人在评判你的时候，其实是在把他们自身的问题向外投射。你也是一样，你对别人最糟糕的评判，正是你自身问题的投射。

明白了这一点，你就可以换一个角度看待别人给你指出的那些所谓"缺点"和"毛病"了。它们并不是对你的人身攻击，而是他们自己内心的伤痛，只是你被殃及了，变成了连带伤害。

你没办法停止过度矫正，因为你没法修复没坏的东西。

当生活中真有某些地方需要改变的时候，你会知道的。

你会知道自己是不是真的遇到了问题，你多半也能感觉到，自己是不是在过度矫正。你之所以能够感觉到，是因为在你内心深处，那么多年前被你屏蔽了的那个小小的声音依然还在，依然在对你述说着真相。

还有一点：你不会有精力去打一场你一开始就觉得不值得打的仗。相反，你会一直处于压力和恐惧之中，担心别人会不赞同你关于哪些事情可接受、哪些不能的看法。

而且你是对的，有些人就是会不赞同你。

但还有很多人会赞同。

当我们接纳了自己的真实模样，相当神奇的事情就会发生：我们会蜕变成可能成为的一切。

我们不可能借由厌恶自己，过上热爱的生活。

想要收回对自身生活的掌控权，第一步，也是最重要的一步，就是不理会他人的评判，由我们自己来决定什么叫做足够。

要是你真的想改正某个问题，该怎么做？从尊重自己的立场出发，而不是想着能否让周围的人相信，你是足够好的，配得上你自己的生活。

第 46 篇

你已经知道下一步该怎么走，
你只需要找到迈步的勇气

或许你不需要再寻找更多答案。

或许你不需要再做更多探索灵魂的功课。

或许你不需要再想得更清楚一点。

或许你真正需要的是继续走下去的勇气，即便面前的道路不再新奇，不再令人兴奋。或许你需要的是不断前行的决心，即便这段旅程的光芒已经褪去，取而代之的是单调与日常。

对生活的有意设计，很可能会变成某种形式的逃避。它把我们从当下的生活体验中抽离出来，置身于一个自认为尚未抵达的地方，所以我们会觉得生活还没有真正启航。我们开始认为，可以让自己暂停下来，把追寻的美好全都留到日后，等到自己变得更好、内心理得更顺、情况变得更加明朗的时候，再开始生活。

从我们既定的生活轨迹中短暂抽离，这绝对是至关重要的，绝大多数人甚至连一次都没做过，因为他们没这个勇气。相反，他们坚持过着由各种外界因素替他们选定的生活，比如环境、同侪、社会期望，等等，但最强有力的一个因素就是，想要避开不适感和恐惧。

有勇气迈出第一步是非常棒的，但是，到了该坚持走下去的时候，大多数人往往会再次卡住。

我们选定了一条能让自己不断活出真正自我的旅途，本应沿着它继续走下去，可是，对更多真相的探索会让人上瘾。我们离开始总是差一步，总是在构想新事业的某个新方面或是某个新机遇、新想法、新计划。我们总是思忖着，何时能再次踏上异国的海岸，去对自己再多一点了解，多得到一点新发现，然后把它们带回到当前生活的土壤中，种下来，看看会萌发出什么。

在你弄清楚所有事情之前，生活并不会暂停。

你无需到内心深处挖掘一层又一层的指引。

当你逃避自我时，你所发现的，就是你当初逃避的——无论你去到世界的哪个角落，当你早晨醒来，看向镜子，从镜中回看着你的人只有一个，那就是你自己。

现实是，你多半已经知道人生中的下一步该怎么走，你只需要找到勇气迈出那一步。

我所说的，不是那种纵身一跃、拼尽全力或尝试全新事物的勇气。

我说的勇气，是每天醒来，照着计划坚持做下去。

我说的勇气，是每时每刻直面自己的心魔。

我说的勇气，是去做眼下没那么令人满足但长远对自己有益的事。

我说的勇气，是即便会失败，会搞砸，即便会再次犯错，也要继续走下去。

我说的勇气，是坦然接纳自己的人性。

我说的勇气，是接受这一点：就算你已经过上了梦想中的生活，也未必日日是好日。

我所说的，并不是纵身一跃在下落途中长出翅膀的那种勇气，而是始终坚持向前走的勇气——即便前路艰难，即便你疲惫不堪，即便世界仿佛在你头顶坍塌，即便你觉得不公平，即便你恨不得变得麻木无感，干脆躲开这一切算了。

该迈出的下一步，不一定是让你最害怕的那一步。

有时候，它是让你感到最乏味无聊的那一步。

有时候，它是最不令人兴奋的那一步。

有时候，它是你一直在回避、抗拒或逃离的那一步，因为你必须得待在"不舒适区"里，努力化解心中的不确定，去做现在不愿做的事——但你清楚地知道，几年后的自己肯定会希望你现在把它做掉。

我说的是自律。

我说的是愿景。

我说的是切勿"见树不见林"。

因为说到底，几乎我们每个人都知道该做什么，而人生旅程就在于培养勇气、决心和意愿，去一次又一次地付诸行动。

这并不总是关乎如何开始，也在于如何坚持不懈地走下去。

这并不总是关乎登上山顶，也在于攀登本身——有时候，单是愿意走上几步，并且知道这就够了，也是没问题的。

这不是说，你的人生永远也不会激动人心了，只是我们大多数人会抱有一种不切实际的幻想，认为每一件事都必须是巅峰体验才行，而且时时刻刻都得如此。这就导致我们总是半途而废，这种自我破坏的行为就好比是不停地播下种子，让它们发芽，然后又立即从头再来一遍。

我们需要的并不总是打破现状的勇气，而是沿着已经选定的道路不断走下去，直到建立起我们渴望的新模式，创造出我们向往的新常态，并且终于看到我们想要的结果出现。我们知道，只要熬过那些没那么激情昂扬的时刻，它就会出现。

没有人时时刻刻都激情昂扬。

重点不在于要等到胸有成竹才能行动。

重点在于，不管怎样先行动起来，同时心里明白，胸有成竹的状态自会到来。

— 第 *47* 篇 —

愿你学会从容平和地重新开始

你的人生如同一连串的呼吸，但我指的不是身体吸入氧气、呼出二氧化碳的那一种。

我指的是，成为你自己，是一连串的构建与拆解、尝试与失败，是有时积极进取，有时转身回避。

这是因为，如果我们不知道该如何从容平和地重新开始，那么我们也不知道该如何生活。

没有人注定只能走一条路。

我们如何回应当下，如何调整适应，如何一寸寸地接近最真实的自我——唯有借由这些，我们才能渐渐明白，自己为什么活着。

我希望你能学会从容平和地重新开始。

我希望你能学会正视自己：你知道自己还不是理想中的模样，但你也不会责备现在的自己。我希望你能学会正视成长：它不是一条一路通向完美的上扬直线，而是一场对自身的探索——你为什么想让自己变得完美无缺呢？你觉得自己"缺"在了哪里？这又是谁告诉你的？

我希望你能明白，与其说成功在于心怀愿景，不如说在于持之以恒。因为有想法并不难，人人都会有。唯有始终如一地付诸行动，才有看到开花结果的可能。正是那些你日复一日坚持做的事，令你不断成长。你本来就不需要在头一次就把事情做对，你只需要不停尝试，直到把它做成。

我希望你能明白，爱和人生是很像的——它拿走一切，又把一切回馈给你。把你的人生与另一个人的融为一体，这是你能得到的至高荣耀，因此我希望你能学会身段柔软，而非脆弱易断，学会妥协让步，而非一味索取，学会欣赏嘉许，而非主观臆断。

我希望你能明白，你也是自己的杰作，自己的灵感源泉，自己的终生挚爱。

我希望你能明白，你属于自己。

我希望你能明白，成长并非一次性的事件，你会爱上构建、拆解、再次重建的过程。

人生需要我们一次次地完成蜕变。

这是无论如何也避免不了的——没有任何教义、宗教、信仰或财富的积累可以免除这项要求。

我们来到世间，不是为了只成为一种人，也不是为了成为一连串的"自我"，彼此堆叠，争夺着重要性、主导权和生存空间。

我们常常要经历消亡和重生。

我希望你不再执着于那些给予你一席之地的事物，而是能够明白，成长其实就是学会珍惜当下所拥有的东西，安住于当下所在之处，发现自己依然处于"未完成"的状态时，也不会过于慌乱。

人生没有所谓"完成"的时候。

唯一的终点就是死亡。

人生就在于从容平和地重新开始，每一天，每一刻，以既含蓄又混乱、既美好又忧伤、既令人吃惊又在预料之中的方式。

我希望你能学会轻轻掸去身上的尘埃，从容平和地重新开始，因为人生太过短暂，不容停滞不前，人生又是如此丰富，不可浅尝辄止。